JN249814

会計学の基礎

岩崎 功 著

五絃舎

はしがき

―本書を利用されるみなさまへ―

　私たちは、子どもの頃から、基礎的素養として必要な能力である「読み、書き、そろばん」を習得できた人が、私たちの社会生活に抵抗なく受け入れられるものだといわれてきました。言い換えれば、この「読み、書き、そろばん」の習得が、社会人としての「三種の神器」といえるのです。ここでの「そろばん」とは、「計算」のことです。

　私たちの社会生活で、よく「そろばんがあう」「そろばんがあわない」ということがあります。ここでの「そろばん」は、「カネ計算」のことで、儲けがでるとか、儲けがでない（損する）ことをいいます。まさしく、これから学ぶ「会計」は、このような「そろばん」であり、「カネ計算」のことといっても過言ではありません。

　私たちの社会生活で、お金のやりくり上手のことを、「会計上手（かいけいじょうず）」ということもあります。「会計」とは、簡単に言うと、「お金のやりくり」を行う学問といえます。このように、「会計」という行為は、お金を中心として日常的に無意識に行われていることが多いのです。

　さて、あなたの財布にある「お金」は、今、いくらありますか？　そのお金は、いつ、どのように手に入れましたか？　これからそのお金をどのように使うつもりですか？　今月は使いすぎたとか、足りないから生活費を切り詰めなくちゃとか、いろいろ考えることになります。

　「お金」は、あなたの財布の中ばかりではありません。そのお金は、あなたが会社で働いて手に入れた「お金」であったり、あなた自身が自分のお店で稼いだ「お金」かもしれません。また、あなたが、従業員として会社のために稼いだ「お金」かもしれません。そのほかに、私たちの「お金」を税金として預かっている国や地方自治体の「お金」もあります。このように「お金」には、いろいろな顔があります。

　それぞれの「お金」には、「入りと出」が伴ない、結果として手元に現金が残ります。その「入りと出」をコントロールする必要があります。このコントロールの役目を果たすのが、より進んだ「会計」という学問といえます。

本書では、会社の「お金」に限定した「会計」を基本的に扱っています。というのも、私たちが生活していくための最低限必要な「お金」は、規模の大小に関係なく会社から提供されたものだからです。身近な例では、私たちのほとんどがいろいろな会社に勤務し、会社から毎月の給料や、ボーナスを受け取ることになります。会社は、会社で皆さんに給料やボーナスの支払ができる以上の儲けを稼がなくてはならないのです。

　会社は、いつまでも、潰れることなく維持され、成長しなくてはなりません。そこで、私たちは、会社が、いつまでも、潰れることなく維持され、成長するかを自分の目で確かめる必要があります。それを確かめるために、会社が公表する貸借対照表（会社にはどのような財産や借金があるかを明らかにしたもの）、損益計算書（会社がどのくらい儲かっているかを明らかにしたもの）およびキャッシュ・フロー計算書（会社の現金預金などの資金の出入りの流れを明らかにしたもの）などの財務諸表を入手して、その内容を分析するという方法があります。

　ところで、あなたは、将来、小さくてもいいから、自分のお店のオーナーになりたい、自分で株式会社を作って、その会社の社長になりたいと思っていませんか？　そのためには、必ず開業資金や運営資金が必要です。その開業資金や運営資金を効率よく集め、集めた資金を効率よく使うことが要求されます。すべて行き着くところは「お金」なのです。そのお金をうまくコントロールできたお店や会社が、将来にわたって生き残ることができるのです。そのための知識として「会計」の学問が絶対必要なのです。

　本書は、次の３つの＜ねらい＞をもとに書かれています。

＜１つ目のねらい＞

　本書は、財務諸表の作成方法を学ぶことではなく、あくまでも公表されている財務諸表が与えられたものとして、財務諸表そのものを見た目で、その内容を会計学的に考えていくことになっています。本書では、それぞれの場所で、基本的に、実際の財務諸表の必要な部分を抜粋して例示として記載してあります。その例示部分を参照しながら、本文を読むことで、会計学の理解ができるように工夫しています。

　したがって、簿記の知識がなくても、簡単に会計学の理解ができるようになっています。

　本書では、公表された財務諸表をみたとき、私たちは、財務諸表を構成している項目にはどのようなものがあり、その配列はどのようになっているか、また、その金額の根拠は、どのようになっているかを、具体的に学んでいきます。

　本書での最終的な目標は、公表された財務諸表をもとに、私たち財務諸表の利用者が何を読み取

ることができるか、言い換えれば財務諸表を通じて、その公表企業が私たちに何を訴えているかを見抜くことです。その意味で、本書で学ぶ会計学は、別名、財務諸表論といっても過言ではありません。しかしながら、ここでは財務諸表の作成方法については、説明上、やむをえない必要最低限のものしか考えておりません。

＜２つ目のねらい＞

　本書は、会計学の基礎であるということから、章立てに当たっては、たくさんの学ぶべき会計学の項目のなかから、必要最低限、覚えなければならない項目に限定しています。各章のページ数も、できるだけ少なくしています。

　本書は、最低限覚えなければならない会計学の基礎として、15章にわたってとりあげています。財務諸表の例示をのぞいた各章の本文は、気軽に一気に読み通すことができるように、10 ページ程度となっていますので、理解しやすく、本格的な会計学を学ぶための橋渡し的な役割を担っています。

＜３つ目のねらい＞

　本書は、本文中に、会計の重要な用語を太字（ゴシック文字）で指摘しています。したがって、太字の会計用語は、必要最低限覚える項目で、会計用語辞典としても使用できます。

　本文中の太字の会計用語は、本文の「索引」にも記載されています。「索引」で必要な会計用語の書かれているページを検索し、そのページの本文から、会計用語の内容を理解することができます。したがって、「索引」は、同時に会計用語辞典の項目としての働きとなっています。

＜本書をきっかけとして「会計学」を本格的に勉強しようと考えているあなたへ＞

　これから「会計学」を本格的に勉強して、簿記検定試験１級（上級）、税理士試験、公認会計士試験、公務員（国税専門官・財務専門官）試験など挑戦して合格したいと考えているあなたに、「合格」という大きな「夢」が実現するという大きなプレゼントを手にするきっかけになればと考えています。

　また、本書で学んだ「会計学」をいかすことで、将来、会社における会計プロフェッショナルとして、会社経営者の中枢の一端を担う「夢」が実現することになるかもしれません。さらに、本書で学んだ「会計学」は、いつか自分の会社を作り、そのオーナーになるという「夢」の実現に一役買うかもしれません。

　最初は大きな「夢」かもしれませんが、あなたの努力しだいで、この大きな「夢」は、いつでも

実現できる身近な「夢」になり、さらに「夢」でなくなるのは時間の問題です。その「夢」の実現に向けての「きっかけ」であり、スタートラインとして本書がお役に立てばと信じております。

　なお、本書は『テキスト現代会計学の基礎』を入門書として編集しなおしたものです。したがって、本書での財務諸表等の資料は、平成18年前後の最優良企業としての「シャープ株式会社」のものであり、その資料をそのまま使用し、現在の同社のおかれている状況と比較すると企業が生き物であることが分かり、間近で見る栄枯盛衰の物語で、今後どのように進んでいくかが注目できるのではないかと思われます。

　最後に、株式会社五絃舎社長　長谷雅春氏には本書の出版にあたりいろいろとご迷惑とお手数をおかけしたことに深くお詫びするとともに、心から厚く御礼申し上げます。

　平成29年3月吉日

著　　者

本書の内容に沿った問題集として『サブノート現代会計学の基礎』があります。合わせてご利用していただければありがたく思います。

目　　次

第8章　会計記録と会計システムを学ぶ

第9章　「損益計算書」の構成と「収益」を学ぶ

第10章　「費用」と「損益計算書」を学ぶ

第14章　「グループ企業の財務諸表」を学ぶ

第15章　「財務諸表の分析」を学ぶ

第16章　財務諸表の「監査」と企業の「税務」を学ぶ

第1章　会計学の基礎知識を学ぶ

> **この章の構成は次のとおり**
> 1．会計の「原点」を考える　2．「企業」の会計を考える
> 3．「真実性の原則」と「単一性の原則」を考える　4．会計の専門的知識をいかした
> 「職業」を考える

1．会計の「原点」を考える

　あなたはクラス会の幹事です。幹事は出席者から会費を集め、その会費収入をもとに、クラス会を運営・開催することになります。幹事は、まず、出席者の会費収入およびその運営のための各種出費を**記録・計算・整理**しなければなりません。最後に、その整理した結果を収支計算書などに作成し、**報告**することで、幹事の役目は終了となります。

　会計の原点は、まず、他人から預かったお金がどのくらいあり、また、それをどのように使ったかを、帳簿に**記録**することから始まります。帳簿に記録（記入）することを**簿記**といいます。帳簿に記録する人を**会計担当者**といいます。記録には、原則として、金額の記入がある領収書等をもとに行われます。また、この領収書等は、会計担当者に不正がないという証にもなります。

　会計担当者は、記録結果をもとに、**計算・整理**して**会計報告書**を作成し、これを**報告**することになります。会計報告書は、会計担当者の業務が最後まで行われた事実を示しています。なお、会計報告書は、領収書等をもとに第三者の人に、その内容をチェック（検査）を受けることで、「正しく作成された」という証明になります。この検査に関する仕事（業務）を**会計監査**ともいいます。

2．「企業」の会計を考える

（1）経済と会計

　会計をもう少し専門的に考えましょう。私たちの社会は、経済が中心となって形成されています。この社会で経済活動を営む団体（「**組織体**」という）には、家庭（クラス会などを含めてもいい）、企業、国および地方自治体などがあります。経済活動が行われると、必ず、カネ（貨幣）の流れとモノ（財貨やサービス）の流れの2つが同時に発生します。この2つの流れを計数的に把握して記録する方法があります。これを**複式簿記**といい、会計

（学）の前提となっています。

　家庭にはその会計を扱う**家計**が、国や地方自治体にはその財政を扱う**官庁会計**（または**公会計**）があります。家計や官庁会計は、当然、財産の保全や管理も行いますが、もっぱら金銭の収支を扱う消費計算（または収支計算）が中心です。

　私たちの経済社会の中心は**企業**です。その会計を扱う**企業会計**があります。企業には、個人企業や株式会社・合同会社などの会社形態の場合があります。企業は、財貨やサービスの生産・販売することで営利（利益）の獲得が目的です。企業会計の目的は利益計算（または損益計算）が中心となります。本書では、特に株式会社を対象とした企業会計を中心に取り上げています。

（２）財務会計と管理会計

　誰に報告するかの違いにより、企業会計は財務会計と管理会計とに分けられます。**財務会計**とは、企業の経済状態を表した財務情報を、企業外部の情報利用者である利害関係者に報告することを目的とした会計で、**外部報告会計**ともいわれます。企業外部の利害関係者とは株主などの投資者、銀行などの金融機関の債権者、仕入先や得意先の取引先、従業員、税務当局、一般消費者などをいいます。

　管理会計とは、企業内部の情報利用者である経営者や経営管理者が経営意思決定や業績評価などに役立つ情報を報告することを目的とした会計で、**内部報告会計**ともいわれます。

（３）財務情報（財務諸表）

　企業外部の情報利用者である利害関係者に報告する主たる財務情報には、貸借対照表、損益計算書およびキャッシュ・フロー計算書などの**財務諸表**があります。その財務諸表は、個別企業またはグループ企業により作成されます。個別企業の作成した財務諸表を**個別財務諸表**といい、グループ企業が作成したそれを**連結財務諸表**といいます。

　貸借対照表は、企業の期末時点の財政状態、つまり企業の資金の調達状況とその運用状況を示したものです。

　損益計算書は、企業の一定期間の経営成績、つまり企業の儲けの状況を示したものです。

　キャッシュ・フロー計算書は、一定期間の現金預金の流れ（キャッシュ・フロー）、つまり経営活動別（営業活動、投資活動、及び財務活動別）に区分して現金預金の増減原因を示したものです。

　これらの財務諸表は、公認会計士や監査法人の**会計監査**を受けなければならないときがあります。会計監査を受けた財務諸表は、「正しさ」が公的に認められたことになります。

　なお、財務情報（財務諸表）の入手方法には、官報や日刊新聞紙に公表される**決算公告**のほかに、株主総会用の**事業報告書**や、上場会社の場合の一般投資家（者）向けに市販されている**有価証券報告書**などがあります。

　最近では、財務情報（財務諸表）の公表は、官報や日刊新聞紙の他にインターネットによることも認められたことから、企業のHP（ホームページ）のＩＲ・投資家情報などのなかの財務情報としての決算公告、事業報告書や有価証券報告書などをダウンロードすることで自由に無料で入手できます。特に、有価証券報告書は、財務省・金融庁のHPから**EDINET**（証券取引法―（現）金融商品取引法―に基づく有価証券報告書等の開示書類に関するシ

ステム）のなかから必要な資料をダウンロードして入手できます。

　本書では、巻末資料に、EDNET からシャープ株式会社の財務諸表をダウンロードしたものを記載してあります。

（4）制度会計

　財務会計のうち、会計を行う上で、金融商品取引法（旧証券取引法）、会社法（旧商法）、税法などの法律その他の社会的制度により規制や拘束を受けているものを**制度会計**といいます。制度会計には、主に金融商品取引法、会社法会計および税務会計があります。

　金融商品取引法会計とは、現在および将来の投資家が、企業に、安全に資金投資をするために、有用な会計情報を報告する会計で、いわゆる投資家保護を目的とした会計です。ここで作成される財務諸表は、**財務諸表等規則**、**中間財務諸表規則**、**連結財務諸表等規則**などに準拠することになります。

　会社法会計とは、債権者の支払を優先的に行い、株主配当が無制限に行われないようにする、いわゆる債権者の保護を目的とした会計です。当然、債権者と相反する投資者（株主）との利害調整も前提となっています。ここで作成される財務諸表は、会社法のほかに「会社計算規則」に準拠することになります。

　税務会計とは、適正な課税所得の計算、その結果としての適正な納税額の計算を目的とした会計です。個人所得の課税については所得税法が、法人所得の課税については法人税法が適用されます。なお、所得税や法人税には、それぞれ「施行令」、「施行規則」、「取扱通達」などがあり、より詳細な規定が設けられています。

３．「企業会計原則」について考える

（1）企業会計原則

　財務諸表が社会的に信頼されるためには、企業会計原則に準拠して作成しなければなりません。**企業会計原則**は、企業会計の実務の中に慣習として発達したもののなかから、一般に公正妥当と認められたところを要約したものであり、必ずしも法令によって強制されないでも、すべての企業がその会計を処理するに当たって従わなければならない基準です。

（2）企業会計原則の構成

　企業会計原則の構成は、「一般原則」、「損益計算書原則」、「貸借対照表原則」および「注解」からなっています。

　一般原則は、企業会計の全般にわたる包括的な基本原則を規定しています。具体的には、会計担当者が実際に会計処理や報告をするときの一般的な行動すべき指針を示しています。それには、「**真実性の原則**」(4 ページ)・「**正規の簿記の原則**」(59 ページ)・「**資本取引・損益取引区分の原則**」(42 ページ)・「**明瞭性の原則**」(15 ページ)・「**継続性の原則**」(94 ページ)・「**保守主義の原則**」(66 ページ)・「**単一性の原則**」(4 ページ) の 7 つがあります。**貸借対照表原則**と**損益計算書原則**は、一般原則を上位原則として損益計算書と貸借対照表の作成における処理または表示に関する基準を具体的に規定したものです。

注解は、一般原則、損益計算書原則、貸借対照表原則などの重要事項や特に注意する事項に統一的な解釈を行っています。

４．「真実性の原則」と「単一性の原則」について考える

（１）真実性の原則

> **真実性の原則は、一般原則第１に「企業会計は、企業の財政状態および経営成績に関して、真実な報告を提供するものでなければならない」と規定されています。**

　真実性の原則は、企業の財政状態や経営成績に関して真実な報告の提供を要求した企業会計全般を支配する最高の原則です。当然、真実な報告の実現には、真実な会計処理が前提となっています。

　他の 6 つの一般原則は、真実性の原則を支持することで、「真実な」報告の実現をはかり、真実な報告を保証することになります。したがって、真実性の原則は、一般原則の中でも**最上位の原則**となり、他の一般原則は、真実な会計報告を保証する下位原則といえます。また、具体的な会計処理や報告に関する原則や基準についても、当然、真実性の原則が最上位の原則となります。

　この原則にいう「**真実性**」とは、一般に、答が単一のみの「**絶対的真実性**」ではなく、答を複数の中から一つを選択することを認めた「**相対的真実性**」を意味しています。その理由の一つに、現行会計は、会計慣行をもとにした会計実務から成立しているので、記録すべき事実が生ずると、複数の会計処理方法等が許されており、その選択適用を認めていることがあげられます。

（２）「単一性の原則」

> **単一性の原則は、一般原則第 7 に「株主総会提出のため、信用目的のため、租税目的のため等種々の目的のために異なる形式の財務諸表を作成する必要がある場合、それらの内容は、信頼しうる会計記録に基づいて作成されたものであって、政策の考慮のために事実の真実な表示をゆがめてはならない」と規定されています。**

　単一性の原則は、同一資料に基づく記録から作成された財務諸表は、株主総会提出目的のため、取引先や金融機関などの債権者などに対する信用目的のため、国税や地方税などに関係する租税目的のためなど、いろいろな利用目的に応じて作成されるとき、その形式は異なっていても（**形式多元**）、その内容は同一のもの（**実質一元**）であることを要求したものです。

　同一資料に基づく記録とは、その計算段階で、真実性の原則に反する「**二重帳簿**」等の記録によらないことであり、真実性の原則に反しないことをいいます。この原則は、「形式多元」を認め、「実質一元」を要求することで、真実性の原則にいう相対的真実性を保証するものです。

５．会計の専門的知識をいかした「職業」を考える

　会計の専門的知識を生かした職業には、企業内部での会計担当者、企業外部の職業会計人、および公務員としての国税専門官や財務専門官の場合などがあります。

（１）企業の会計担当者

　企業内部の**会計担当者**には、総務部や経理部での経理担当、管理部や予算課での予算担当、内部監査担当や監査役、工場での原価計算担当などがあり、それぞれの配属先で会計知識をいかした業務に従事することになります。

（２）公認会計士と監査法人

　公認会計士は、公認会計士試験（146頁参照）に合格し、公認会計士として登録します。その業務の中心は**監査業務**で、企業が作成する財務諸表が適正に作成されているかを監査し、意見表明を行うことで、財務諸表に社会的信用を付与し、一般投資家や債権者の判断を誤らせないようにしています。その他に、会計全版についての調査・立案・指導などの業務、経営戦略・業務改善・情報システムなどの経営コンサルティング業務、また税理士登録をすることで、税務書類の作成・税務相談の業務などを行っています。監査業務が組織的で大規模になることから複数の公認会計士が集まって**監査法人**の場合もあります。

（３）税理士と税理士法人

　税理士は、税理士法により税理士試験（150頁参照）に合格し、税理士として登録します。税理士の業務は、他人の求めに応じ、税務署等に提出する申告書や申請書等の書類の作成、不服申し立てなどの代理・代行、税務相談、および税理業務に関係ある会計帳簿の記帳や財務書類の作成などを行います。また、複数の税理士が社員となる**税理士法人**もあります。

（４）国税専門官・財務専門官（公務員）

　国税専門官（公務員）は、国税専門官採用試験（151頁参照）に合格・採用されなければなりません。国税専門官は、国税局や税務署で、適正な課税を維持し、租税収入を確保するために税務のスペシャリストで、法律、経済、会計等の専門的な知識を駆使した業務です。その業務には、適正な納税申告かどうかの調査・検査・指導を行う「**国税調査官**」税金の督促や徴収を行う「**国税徴収官**」および大口脱税の疑いのある人への捜査・差押えなどを行う「**国税査察官**」があります。

　財務専門官（公務員）は、財務専門官採用試験（151頁照）に合格・採用されなければなりません。財務専門官は、財政・金融等のスペシャリストで、法律、経済、会計等の専門的な知識を駆使し、国有財産の有効活用、財政投融資資金の供給や予算執行調査といった財政に関する業務や、地域金融機関の検査・監督、証券取引所等の監視、企業内容等の開示といった金融に関する業務に従事します。

第2章　貸借対照表の構成と基本的前提を学ぶ

この章の構成は次のとおり

1.「貸借対照表」を考える　2.「資産」を考える　3.「負債・資本」を考える

4.「貸借平均（一致）」の原理を考える　5.「貨幣的測定」という前提を考える

6.「企業実体」という前提を考える　7.「継続企業」という前提を考える

1.「貸借対照表」を考える

【貸借対照表】

区分	注記番号	前事業年度（平成18年3月31日現在）		当事業年度（平成19年3月31日現在）	
		金額（百万円）	構成比（%）	金額（百万円）	構成比（%）
（資産の部） ： 資産合計		2,110,839	100.0	2,418,592	100.0
（負債の部） ： 負債合計		1,061,405	50.3	1,306,898	54.0
（純資産の部） ： 純資産合計		1,049,434	49.7	1,111,694	46.0
負債純資産合計		2,110,839	100.0	2,418,592	100.0

　　貸借対照表は一定時点（期末時点）における会計主体の**財政状態**を示す報告書で、財務諸表の一つです。**会計主体**とは、財務諸表の構成対象となる組織体（団体）をいい、個人企業、株式会社などの法人企業、地方自治体や国などがその例となります。

　　貸借対照表には、貸借対照表日（決算日）現在のすべての資産、負債および純資産（資本）が記載されることになります。**貸借対照表日**とは、貸借対照表作成日で、一般には期末時点の決算日のことです。

　　なお、貸借対照表は、次ページのように左右対称形式の「**勘定式**」と上下形式の「**報告式**」の様式があります。一般に大規模の企業では上記のように報告式が採用されています。

（勘定式）		貸借対照表		
（資産の部）	× × ×	（負債の部）	× × ×
		（純資産の部）	× × ×
資産合計	× × ×	負債及び純資産合計	× × ×

（報告式）	貸借対照表	
（資産の部）		× × ×
資産合計		× × ×
（負債の部）		× × ×
（純資産の部）		× × ×
負債及び純資産合計		× × ×

２．「資産」を考える

区分	注記番号	前事業年度 （平成18年3月31日現在）		当事業年度 （平成19年3月31日現在）	
		金額（百万円）	構成比（％）	金額（百万円）	構成比（％）
（資産の部） I　流動資産 　1　現金及び預金 　　： 　　： 　資産合計		323,890 ： ： 2,110,839	100.0	371,306 ： ： 2,418,592	100.0

　企業は、事業活動のために現金、備品や建物などの設備、土地、その他の**資源**を必要とします。「**資産**」とは、事業活動のために必要な資源をいいます。資産である資源は、企業によって所有され（企業のものであること）、価値あるもの（売買などでお金に換えられるもの）、金額であらわせるものでなければなりません。たとえば、企業に従事している従業員は、企業にとって最も価値ある資源ですが、企業によって所有されることはありません。したがって、会計上の資産とはなりません。

　資産の項目は、勘定式では貸借対照表の左側（正式には「**借方**」といいます）の「資産の部」に、報告式では上位の「資産の部」に記載されます。そこでは、企業には、どのような資産があって、それぞれの金額がいくらあるかを示しています。

3．「負債」と「純資産（資本）」を考える

　貸借対照表の借方に記載されている「資産」は、どのような資金をもとに調達されたのでしょうか。その資金の「**調達源泉**」（または「**資金源**」）を考える必要があります。その資金の調達源泉には、大きく「**負債**」と「**純資産（資本）**」の２つがあります。それらは、勘定式では貸借対照表の右側（正式には「**貸方**」といいます）の「負債の部」と「純資産（資本）の部」に、報告式では「資産の部」の下に「負債の部」と「純資産（資本）の部」の順に記載されています。

　このように負債及び純資産（資本）を資金の調達源泉を示すならば、資産は、調達された資金がどのように使われたかを示す資金の「**運用形態**」を表すことになります。

（１）負　　債

区　分	注記番号	前事業年度 （平成 18 年 3 月 31 日現在）		当事業年度 （平成 19 年 3 月 31 日現在）	
		金額（百万円）	構成比 （%）	金額（百万円）	構成比 （%）
（負債の部） Ⅰ　流動負債 1 支払手形 　： 負債合計		9,000 ： 1,061,405	50.3	7,753 ： 1,306,898	54.0

　負債とは、債権者からの企業への資金提供を受けたもので、債権者に返済しなければならない債務のことです。債権者とは、企業に資金を貸付けている関係者のことです。

　債権者は、負債金額に見合うだけの資産に対する請求権である債権を持つことになります。この場合、どの負債がどの資産に対してという個別の請求権を持つものではなく、資産の総額に対しての請求権となります。

（２）純資産（資本）

区分	注記番号	前事業年度 （平成 18 年 3 月 31 日現在）		当事業年度 （平成 19 年 3 月 31 日現在）	
		金額（百万円）	構成比 （%）	金額（百万円）	構成比 （%）
： （純資産の部） Ⅰ　株主資本 1 資本金 　： 純資産合計		： 204,675 ： 2,110,839	9.7 100.0	： 204,675 ： 2,418,592	8.5 100.0

　純資産（資本）とは、資産から負債を差し引いた残額で、負債とともに企業が所有する資産の資金の調達源泉（または資金源）を示しています。これを式で表すと次のようになります。これを**純資産（資本）等式**といいます。

　資産 － 負債＝純資産（資本）

　純資産（資本）には、出資者である株主からの資本調達を意味する「**株主資本**」と一定の条件が揃えば当期の損益に振替えられる将来の利益の予備軍としての株主資本以外の「**その他包括利益累計額**（または評価換算差額等）」や増資のさいの新株交付の権利である「**新株予約権**」などがあります。

　株主資本は、大きく分けて（1）株主などからの直接的な払込に関する「**払込資本**」（資本金と資本剰余金）と（2）企業が稼いだ利益の留保分である「**稼得資本**」（利益剰余金）の2つに分けられます。

　純資産（資本）は、負債同様に、資産に対して同額の請求権がありますが、原則として返済されることはありません。しかし、企業が解散するときには、債権者に債務である負債の支払が優先的に行われますが、株主などの出資者には、債権者に支払われた後に残った場合（残らない場合もある）にのみ請求権（**残余財産請求権**といいます）がでてきます。このように、負債は純資産（資本）よりも、資産に対して強い請求権があります。

4．貸借平均（一致）の原理を考える

【貸借対照表】

区分	注記番号	前事業年度 （平成18年3月31日現在）		当事業年度 （平成19年3月31日現在）	
		金額（百万円）	構成比（%）	金額（百万円）	構成比（%）
： 資産合計		： 2,110,839	100.0	： 2,418,592	100.0
： 負債純資産合計		： 2,110,839	100.0	： 2,418,592	100.0

　資産総額（勘定式での左側（借方）合計）と負債総額と純資産（資本）との合計（勘定式では右側（貸方）合計）とが必ず一致または平均する事実から、「**貸借平均（または一致）の原理**」いわれます。貸借対照表という名前も、英語の Balance Sheet の訳で、勘定式での左側（借方）と右側（貸方）の金額が平均（または一致）したものを一覧表にしたことに由来しています。

　貸借平均（または一致）の原理は、以下の等式で表示することができます。この等式は、貸借対照表を作成することから、**貸借対照表等式**ともいわれます。

> **資産＝負債＋純資産（資本）**

　また、貸借対照表等式の左側（借方）の資産を資本の運用形態としての「**総資産**」と貸借対照表等式の右側（貸方）を資本の調達源泉としての「**総資本**」とみることができ、その金額は一致します。この場合、総資本は、負債のように返済を必要とする資本としての「**他人資本**」と純資産（資本）のように返済を必要としない資本としての「**自己資本**」とに分けることができます。

> **総資産＝総資本（他人資本＋自己資本）**

　この等式では、左側（借方）の資産の増加は、必ず右側（貸方）の負債や純資産（資本）に同じ金額が増加し、逆に資産の減少は、負債や純資産（資本）に同じ金額の減少を意味します。なお、資産相互間の増減や負債と純資産（資本）相互間の増減では、左側（借方）合計と右側（貸方）合計には変化はありません。

５．「貨幣的測定」という前提を考える

（1）会計公準
　企業会計が成り立つための基本的前提または仮定があり、この前提または仮定がないと企業会計そのものが成立しないことになります。これを**会計公準**といいます。会計公準には、貨幣的測定の公準、企業実体の公準、及び継続企業の公準があります。

（2）貨幣的測定の公準
　企業は、通常、本社や営業所の社屋、工場設備、倉庫などのいろいろな資産をたくさん所有しております。それらの資産には、まったく異質なものが集まっているので、異質な資産をあわせるためには必ず貨幣額に直すことが必要になります。
　このように、異種類（異質）の資産を足したり、引いたり、また、その合計を求めるには、同じ貨幣単位（たとえば円）を用いることで計算が可能となります。同じ貨幣単位を用いて計算すること、これが**貨幣的測定の公準**です。この公準は、**貨幣的評価の公準**や**貨幣価値測定の公準**ともいます。この公準は、資産だけでなく負債や純資産（資本）についても適用されます。
　貨幣的測定の公準は、財務諸表などの会計報告書には、貨幣額によって表される資産・負債・純資産（資本）だけを報告するということを意味しています。たとえば、社長の健康状態や人柄、ストライキの有無、車両保有台数などは、貨幣額で表示できないため「**非会計的情報**」といい貸借対照表上には表示されません。このことが貸借対照表の持つ限界を意味し、会計が企業に関する最も重要な事実をなんでも伝えてくれるとは限らないということです。

６．「企業実体」という前提を考える

　クラス会の幹事であるあなたは、あなた個人の財布とクラス会の財布を明確に区別して、クラス会独自の記録をして、その記録をもとに報告書を作成し報告します。個人企業である店でも同じで、店主個人（家庭）の会計とは区別して店独自の会計をしなければなりません。

　店独自の資産や負債と店主個人が所有する資産や負債とを明確に区別することで、店独自の会計が可能となります。店独自の会計とは、簡単にいえば、店独自のための記録を行うことで、店主個人の家庭の記録とは区別するということです。店独自の記録から会計報告書を作成することになりますので、その報告書から店独自の状況がどのようになっているかを明確に把握できることになります。

　たとえば、Ｂさんが、現金 1,000,000 円を出資して営業を開始したとき、Ｂさんの店は、現金 1,000,000 円という資産とＢさんからの返済不要の預り金で、出資額をあらわす資本金 1,000,000 円という純資産（資本）とを記録することになります。Ｂさんが、店とは関係ない個人のために、現金 10,000 円を使ったときには、店主個人とはいえ、店の報告書では、店の資産としての現金 10,000 円が減少しているので、その金額は 990,000 円となります。同時に、Ｂさんからの預り金である出資額を記録した純資産（資本）としての資本金も 10,000 円減少させて 990,000 円としなければなりません。これは、先に述べた貸借平均（一致）の原理が適用されることからも理解できます。

　このように、個人企業としての店が店主個人としての家庭と切り離して会計（記録）を行うことを前提として考えることを「**企業実体の公準**」といいます。この公準は、見方を変えると、会計を行う範囲を限定することを意味しています。会計を行う特定の範囲を、特に**会計単位**といいます。この公準は、個人企業のみならず株式会社などの会社組織、さらには国や地方自治体にも当然適用されます。

７．「継続企業」という前提を考える

　企業が、倒産や解散などのさまざまな理由で、事業を停止することがあります。しかし、ほとんどの企業は毎年事業を継続していきます。会計は、継続していく企業を前提に行われます。この前提を「**継続企業の公準**」といいます。

　継続企業の公準は、特に企業が事業を継続できないという明確な事実がない限り、企業は半永久的に事業を継続していくことを前提としています（もし、企業が事業を継続しないときには、当然、ここでは扱いませんが特別な会計基準が適用されることになります）。

　したがって、継続企業の公準により貸借対照表に表示された資産の金額は、当然、企業の事業停止時に用いられる売却金額（これを時価といいます）ではありません。

　継続企業の公準では、半永久的に企業が継続することを前提としているので、企業活動の内容や結果をいつ計算すればいいのかが問題となる。その計算のためには、一定期間を

人為的に区切って計算する必要がでてきます。こうした計算期間を会計期間といい、通常、会計年度、事業年度または営業年度といわれます。会計期間は、特別なことがない限り、通常は 1 年間です。この前提を「**会計期間の公準**」といいます。

　なお、このように会計期間の公準を、継続企業の公準と区別して取り上げることもあります。しかし、一般には継続企業の公準と会計期間の公準とは同一のものと考えます。

第3章　貸借対照表をより具体的に学ぶ

この章の構成は次のとおり
1．「貸借対照表完全性」の原則を考える　2．「貸借対照表価額」の評価または測定を考える
3．「明瞭性」の原則を考える　　　4．「流動」と「固定」の区別を考える

1．「貸借対照表完全性」の原則を考える

（1）貸借対照表完全性の原則

　貸借対照表には、企業の財政状態を明らかにするため、貸借対照表日（決算日）現在に存在するすべての資産、負債および純資産（資本）をもれなく記載することになっています。このことを**貸借対照表完全性の原則**といいます。

　なお、貸借対照表に記載する項目やその金額をどのようにするかは、利用者からみて見やすく分かりやすい貸借対照表を考える必要があります。このように考えるならば、見やすく分かりやすくすること（**概観性**）が、細大もらさず詳細に記載すること（**完全性**や**詳細性**）に優先するということもあります。

　ちなみに官報や日刊新聞紙に記載される「決算公告」の貸借対照表の項目は、より詳細な勘定を要約したもの、つまり必要最低限にまとめたものを記載しています。

（2）貸借対照表の表示金額

区　分	注記番号	前事業年度 (平成18年3月31日現在)		当事業年度 (平成19年3月31日現在)	
		金額（百万円）	構成比 (%)	金額（百万円）	構成比 (%)

　貸借対照表の**表示単位**については、原則として一円、千円または百万円ですが、大企業では百万円または十億円でもよいことになっています。なお、一円以上の表示単位の**端数処理**は「**切り捨て**」または「**四捨五入**」のいずれでもよいことになっています。現実には、切り捨てによる端数処理が一般的です。この場合、表示上の各項目の金額を実際に合計しても、記載済みの合計金額と一致しないことが多くあります。この不一致の原因としては、表示金額の端数を切り捨て表示のためです。つまり、表示済み合計額が、端数処理されたままで表示するからです。最近では、「四捨五入」による端数処理も多くなったので、一致するようになりました。

13

２．「貸借対照表価額」の評価または測定を考える

　企業の財政状態を正しく示すためには、貸借対照表に記載する資産や負債の価額（金額）を正しく計算することが重要です。これを、**貸借対照表価額の評価または測定**といいます。

　貸借対照表価額の評価（または測定）の基準には、一般に、取得原価基準、時価基準および低価基準の３つがあります。これらの基準は、基本的には、負債よりも資産の評価（または測定）に対して行われます。

　貸借対照表に記載される支払手形、買掛金や借入金などのほとんどの負債は、確定債務といわれるように、あらかじめ契約などによって支払金額が決まっています。したがって負債の評価額は、その契約時の確定債務の金額とすればよいので、大きな問題は起こりません。なお、純資産（資本）の評価についても、純資産（資本）が資産と負債の差額であることを考えれば、資産の評価が確定すれば自動的に確定するので、負債同様に大きな問題は起こりません。

（１）取得原価基準または原価基準

　取得原価基準または**原価基準**とは、資産を購入時の領収書や納品書、または製造時の実際の製造記録などに基づいて評価する方法です。この方法を用いると、金額が確定しているものを使用するので、客観的に確実に計算することができます。

　なお、資産の評価には、原則として、取得原価基準を用いることになっています。その理由としては、一つには大部分の資産の時価を求めることが難しいことです。二つには、継続企業の公準から、大部分の資産は、すぐに売却されることなく、将来の事業のために保有されるので、その時価の重要性がほとんどないということです。

（２）時価基準

　時価基準とは、資産を貸借対照表日（決算日）における**時価**（**市場価値**または**公正価値**ともいいます）を用いて評価する方法です。時価としては、商品や原材料などは、卸売市場や小売市場での「売買価額」、株式・社債などは証券市場での「売買価額」、固定資産などは、中古市場における「売買価額」など、まさしく市場価値といえます。

　時価が原価よりも低いときに時価で評価すると**評価損**を計上します。逆に時価が原価よりも高いときに時価で評価すると**評価益**を計上することになります。この評価益は、売却時のように確実な現金預金などの受入れがないことから**未実現利益**といわれます。

　最近では、売買目的の有価証券などが金融商品（いつでも換金できる商品）の一つとして取り扱われ、いつでも換金できることから、決算日において評価損と同様に評価益を計上するようになりました。

（３）低価基準

　低価基準は、貸借対照表日（決算日）における時価と原価を比較して、いずれか低いほうの価額でもって評価する方法です。これによって、未実現利益といわれる評価益を回避

でき、評価損のみを計上するという「**保守主義の原則**」（第9章66ページを参照のこと）に基づいています。

3．「明瞭性」の原則を考える

明瞭性の原則は、一般原則第4に「企業会計は、財務諸表によって、利害関係者に対し必要な会計事実を明瞭に表示し、企業の状況に関する判断を誤らせないようにしなければならない」と規定している。

明瞭性の原則は、株主や債権者その他の利害関係者が、企業の状況の判断を誤らせないような貸借対照表や損益計算書などの財務諸表の明瞭表示を求めた作成方法や報告のことです。先に述べた真実性の原則を報告面から支持し保証する原則です。明瞭表示の要請には、次のようなものがあります。

（1）総額主義の原則

区分	注記番号	前事業年度 （平成18年3月31日現在）		当事業年度 （平成19年3月31日現在）	
		金額（百万円）	構成比（％）	金額（百万円）	構成比（％）
（資産の部） Ⅰ　流動負債 ： 3　売掛金 ：		： 367,075 ：		： 450,451 ：	
（負債の部） Ⅰ　流動負債 2　買掛金 ：		465,836 ：		587,869 ：	

　貸借対照表では、資産項目を負債項目や純資産（資本）項目とを相殺してその全部または一部を取り除いて記載することは認められません。資産、負債および総資産（資本）をありのままに総額で記載することで、企業の財政状態の判断に役立つことができるのです。このことを**総額主義の原則**といいます。

　例えば、上記シャープ（株）の例で、当事業年度の売掛金450,451百万円と買掛金587,869百万円とを相殺して、売掛金を計上することなく、その差額137,418百万円を買掛金として記載することは総額主義の原則に反することになります。この差額のみを計上する方法を純額主義の原則といい、禁止されています。

（2）貸借対照表の表示方法（勘定式と報告式）

　貸借対照表の表示方法には、既に第2章で述べたように、左側（借方）に資産を、右側

（貸方）に、負債と純資産（資本）を左右対称的に記載する**勘定式**と、資産、負債、純資産（資本）というように上下に一定の順序で記載する**報告式**とがあります。官報や日刊新聞紙での決算公告での貸借対照表は、勘定式（特に指示はありません）が多く、有価証券報告書での貸借対照表は、報告式で作成することになっています。ちなみに本書でのシャープ（株）での貸借対照表は、有価証券報告書に記載されているので、報告式となっています。

（3）貸借対照表項目の配列法（流動性配列法と固定性配列法）

　貸借対照表に記載される資産および負債の項目の配列方法としては、ほとんどの企業が流動性配列法を採用しています。**流動性配列法**とは、流動性の大きい資産や負債（つまり、換金期間の短い流動資産や支払期間の短い流動負債）を先に記載し、流動性の小さい資産や負債（換金期間の長い固定資産や支払期間の長い固定資産）へと記載する配列方法です。逆に固定資産が資産総額に占める割合が多い電気・ガス事業の場合には、流動性の小さい（または固定性の大きい）から流動性の大きい（または固定性の小さいもの）へと順に配列する**固定性配列法**が採用されています。

（4）貸借対照表の基本様式

　流動性配列法を採用している貸借対照表の基本様式は、資産の部は、流動資産・固定資産および繰延資産の順に区分記載することになっています。その中でも固定資産の部は有形固定資産・無形固定資産および投資その他の資産の順に区分記載することになっています。

　負債の部は、流動負債と固定負債の順で区分記載することになっています。

　純資産（資本）の部は、株主資本、その他包括利益累計額および新株予約権の順に区分記載することになっています。また、株主資本は、資本金、資本剰余金（資本準備金とその他の資本準備金）、利益剰余金（利益準備金とその他利益剰余金）および自己株式の順に区分記載することになっています。その他利益剰余金には、任意積立金と繰越利益剰余金が記載されます。

　シャープ（株）の貸借対照表の基本様式による全体像を把握するためには、次ページのように、公表貸借対照表から勘定式での要約貸借対照表を作成することで、よく理解できます。

（5）附属明細表（書）と注記

　貸借対照表ではすべてを詳細に記載する完全性や詳細性よりも見た目で分かり易いように概観性を保つように記載します。そこで、概観性を補完し、完全性や詳細性に近づけるために、主な資産、負債および純資産（資本）項目の内訳や増減を表した**附属明細表（書）**や注記が用いられます。**注記**には「重要な会計方針」や「重要な後発事象」および「その他の重要な事項」などについてその科目や記載金額の根拠などを記載したものです。これらの注記は、会社計算規則では**注記表**としてまとめて記載することになっています。

要　約　貸　借　対　照　表

シャープ（株）　　　　　　　　平成 19 年 3 月 31 日現在　　　　　　（単位：百万円）

流動資産 （981,547）		負債	流動負債 （1,002,254）	
			固定負債 （304,643）	
		負債合計 （1,306,898）		
資産	固定資産 （748,598）	有形固定資産 （847,251）	純資産	株主資本	資本金 （204,675）	
				資本剰余金 （262,296）	資本準備金 （261,451）
					その他資本剰余金 （880）
				利益剰余金 （648,530）	利益準備金 （26,115）
					その他利益剰余金 （622,415）
		無形固定資産 （50,536）		自己株式 （△26,843）	
			株主資本合計 （1,088,657）	
		投資その他の資産 （338,231）	その他包括利益累計額 （23,037）	
	繰延資産 （4,865）	純資産合計 （1,111,694）	
資産合計 （2,418,592）		負債・純資産合計 （2,418,592）	

４．「流動」・「固定」の区別について考える

　貸借対照表に記載される資産や負債の「流動」・「固定」の分類も、財政状態の明瞭表示のための一つの方法です。これは、企業の財務流動性（支払能力）や債務の弁済能力などを判断するときの有用な資料となります。

　この分類基準には、(正常)営業循環基準とそれを補足するための**1年基準**とがあります。

（1）（正常）営業循環基準

　（正常）営業循環基準とは、企業本来の営業循環過程の中にある資産や負債は「流動資産」または「流動負債」として貸借対照表に記載することです。営業循環過程とは、①「現金預金」→②現金預金（または「営業債務（支払手形や買掛金等）の場合もある」）による

「棚卸資産（商品、製品、原材料等）」の購入→③「営業債権（受取手形や売掛金等）」での棚卸資産の売却（現金預金で売却の場合には直接次の④へ）→④営業債権の「現金預金」での回収（または「現金預金」による営業債務の支払）に至るまでの一連の過程をいいます。

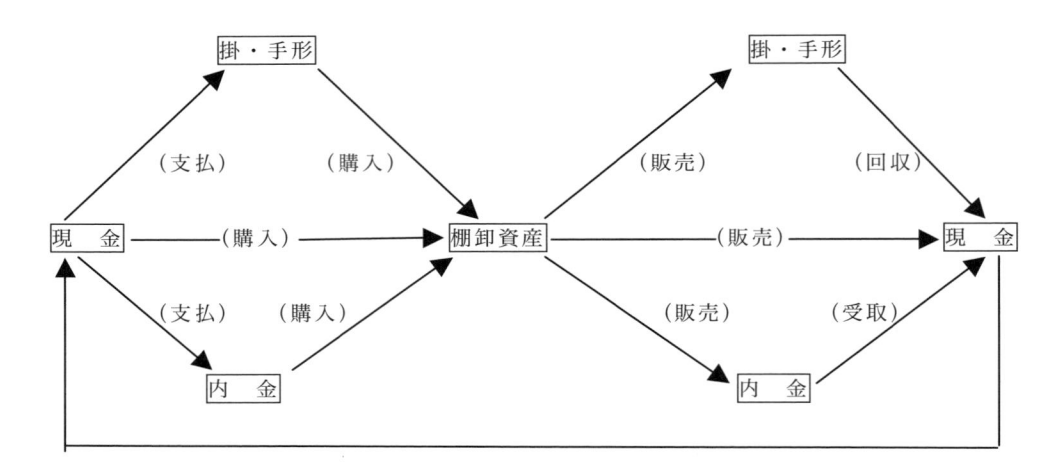

　この循環過程にある受取手形、売掛金、前払金などの営業債権や商品、製品、半製品、原材料、仕掛品などの棚卸資産が「流動資産」として、支払手形、買掛金、前受金などは、「流動負債」として記載します。したがって、貸借対照表日（決算日）において、受取手形や売掛金の回収また支払手形や買掛金の支払に１年以上かかる場合でも「流動資産」または「流動負債」に、１年以上保有することとなる棚卸資産も特別なことがない限り「流動資産」として記載されます。
　営業循環過程から外れた資産や負債は、原則として「固定資産」や「固定負債」として記載します。たとえば、破産債権や更生債権などの営業債権、または投機目的で所有する棚卸資産などは「固定資産」に記載することになります。

（２）１年基準
　１年基準とは、貸借対照表日（決算日）の翌日から１年以内の換金化または支払期限の到来する資産や負債については、「流動資産」または「流動負債」とし、また１年を超えての換金化または支払期限の到来する資産や負債は、「固定資産」または「固定負債」として貸借対照表に記載することをいいます。この基準に適用される資産や負債は、未収金・貸付金・立替金などの債務や未払金・借入金・預り金・社債などの債務です。そのほかには、前払費用があります。
　前期末現在で、固定資産として記載された長期貸付金、長期借入金、社債などは、貸借対照表日現在の翌日から１年以内に回収や支払となるときには、原則として「流動資産」または「流動負債」として記載されます。

（３）流動資産および流動負債の配列
　貸借対照表に記載される流動資産の配列順序についても考えてみましょう。現金預金を

はじめとして、原則として換金の速度の速いものから並べていきます。

　換金の速度から流動資産をみると、大きく当座資産・棚卸資産およびその他の流動資産の3つに分けることができます。

　当座資産は、現金預金をはじめ、必要なときに即座に現金預金に換金できる資産です。これには①現金預金、②受取手形、③売掛金および④売買目的の有価証券などがあり、この順序で当座資産の配列を行っています。

　棚卸資産は、当座資産よりも換金速度が遅いので、当座資産の次に記載します。棚卸資産の配列順序は、販売活動と回収活動を通じることで換金となるので、換金速度の速い①商品・製品が最初で、次に②仕掛品・半製品、さらに③原材料、最後に④貯蔵品・消耗品などその他の棚卸資産となります。なお、原材料を商品・製品のすぐ後に記載する場合もあります。

　その他の流動資産は、当座資産や棚卸資産に含まれないもので、流動資産の最後に記載することになります。

　流動負債の配列順序についても原則として支払期限の早いもの、つまり①支払手形→②買掛金→③借入金・預り金・未払費用や前受収益などその他の流動負債の順序で並べて記載します。

第4章　貸借対照表の「資産」を学ぶ

この章の構成は次のとおり
1．資産となる「3つの要件」を考える　2．「流動資産」を考える　3．「固定資産」を考える
4．「繰延資産」を考える　5．「資産構成比率」を考える

1．資産となる「3つの要件」を考える

　資産は、**価値ある資源**のことですが、具体的には、次の3つの要件を満たしたものです。
　第1には、資源は、企業によって支配されていること、つまり企業が資源を所有していることです。たとえば、資源が借用されるときには、その資源は、所有されることはないので、原則として資産とはなりません。
　第2には資源が企業にとって金銭的に価値のあるものであることです。たとえば壊れて使用できない備品は、資源であっても、企業にとって価値がないので資産となりません。
　第3には、資源は、金額的に測定可能なものであることです。
　もう少し専門的な言葉に言いかえましょう。資産とは、企業の将来の儲け、すなわち将来の収益を得るために保有されている価値ある資源であるといいます。これを**用役潜在力**といいます。

2．「流動資産」を考える

区分	注記番号	前事業年度 (平成18年3月31日現在)		当事業年度 (平成19年3月31日現在)	
		金額（百万円）	構成比 （％）	金額（百万円）	構成比 （％）
（資産の部） Ⅰ　流動資産 　　　： 　流動資産合計		： 981,547	46.5	： 1,177,707	48.7

　流動資産とは、**営業循環基準**により営業循環過程の中にある資産と、営業循環過程以外の資産には、**1年基準**が適用され、貸借対照表日（決算日）の翌日から1年以内に換金化（または費用化）されるものをいいます。

（１）現金及び預金

区分	注記番号	前事業年度 （平成18年3月31日現在）		当事業年度 （平成19年3月31日現在）	
		金額（百万円）	構成比（％）	金額（百万円）	構成比（％）
（資産の部） Ⅰ　流動資産 　１　現金及び預金		323,890		371,306	

　現金として処理されるものには、通貨（硬貨を含む）のほかに、郵政公社や銀行等の金融機関に呈示すると、現金に換金できる**通貨代用証券**も含まれます。通貨代用証券には、自己以外の第三者が振り出した**他人振出小切手**・金融機関等が振出人となった**送金小切手**・郵政公社発行の**郵便為替証書**・期限が到来した**公社債利札**・株主総会後に送付されてきた**配当金領収書**などがあります。

　預金には、**普通預金**のほかに小切手を営業活動の決済手段として利用する**当座預金**などがあります。なお、**通知預金・別段預金・定期預金**などについては、１年基準が適用され、貸借対照表日（決算日）の翌日から１年以内に現金化できるものは流動資産に、１年を超えるものは**長期性預金**として固定資産（投資その他の資産）として処理します。

（２）営業債権

区分	注記番号	前事業年度 （平成18年3月31日現在）		当事業年度 （平成19年3月31日現在）	
		金額（百万円）	構成比（％）	金額（百万円）	構成比（％）
（資産の部） Ⅰ　流動資産 　　　　　： 　２　受取手形 　３　売掛金 　　　　　： 　12　貸倒引当金	 ※1	 ： 123 367,075 ： △45		 ： 44 450,451 ： △26	

　営業債権は、商品や製品を売り上げたときに発生する債権をいい、**売上債権**ともいわれ、これには受取手形と売掛金があります。営業債権の貸借対照表価額は、原則として取引時の債権額です。

　受取手形は、商品や製品の売上代金を約束手形や為替手形による決済を行ったときの**手形債権**をいいます。

　売掛金は、商品や製品の売上代金を掛決済で行ったときの**掛債権**をいいます。

　なお、次期以降において営業債権に**貸倒れ**が見込まれる場合には、その金額を**貸倒引当金**として見積り、その金額を控除することになります。

　シャープ（株）の場合には、流動資産の部の末尾にある「（当事業年度）貸倒引当金△

26百万円」はこの例となります。なお、貸倒引当金については、第5章（36ページ）で述べることにします。

（3）有価証券

区分	注記番号	前事業年度 （平成18年3月31日現在）		当事業年度 （平成19年3月31日現在）	
		金額（百万円）	構成比 （％）	金額（百万円）	構成比 （％）
（資産の部） Ⅰ　流動資産 ： Ⅱ　固定資産 ： 　3　投資その他の資産 　（1）　投資有価証券 　（2）　関係会社株式 　（3）　出資金 　（4）　関係会社出資金		： ： 94,995 153,607 56 26,253		： ： 88,945 157,607 56 29,663	

　有価証券として記載するものには、株券、国債券・地方債券、社債券などがあります。流動資産として記載される有価証券には、売買して利益を得る目的で保有し、時価（株式市場での市場価格）が存在するときの**売買目的有価証券**と1年以内に満期の到来する社債券等の債権のみです。

　売買目的の有価証券を購入したときの貸借対照表価額（取得原価）は、原則として購入代価に買入手数料などの付随費用を加算した金額です。貸借対照表日（決算日）において、その時価（市場価格）が変動しているときには、取得原価をその時価に変更して表示することになります。その差額は、**有価証券評価益**（収益）または**有価証券評価損**（費用）として損益計算書に記載することになります。

　なお、有価証券には、保有目的の観点から、上記の（ⅰ）売買目的有価証券のほかに、（ⅱ）社債券などにいう**満期保有目的の債券**、（ⅲ）**子会社株式及び関係会社株式**、（ⅳ）（ⅰ）～（ⅲ）以外の**その他有価証券**に分けられています。（ⅰ）を除き（ⅱ）、（ⅲ）、および（ⅳ）の有価証券は、固定資産（投資その他の資産）として記載することになります。

　なお、シャープ（株）では、流動資産としての有価証券はありませんが、固定資産における投資有価証券などがあります。

（4）棚卸資産

　棚卸資産には、販売を目的とした**商品・製品**、製品製造を目的とした**原材料**、その製造過程にある**仕掛品・半製品**、事務用消耗品や工場消耗品などの**貯蔵品**などがあります。

　棚卸資産の記載金額は、原則として取得原価です。その取得原価は、形態別に異なります。商品などの購入の場合には、購入代価に引取費用など付随費用を加算した取得原価です。製品・仕掛品・半製品などの製造による場合には、適正な原価計算により計算された

22

原価です。

区分	注記番号	前事業年度 (平成18年3月31日現在)		当事業年度 (平成19年3月31日現在)	
		金額（百万円）	構成比（％）	金額（百万円）	構成比（％）
（資産の部） I　流動資産 　　　： 　4　製品 　5　原材料 　6　仕掛品 　7　貯蔵品 　　　：		： 36,132 38,141 67,673 8,350 ：		： 44,996 46,486 105,950 6,955 ：	

　なお、シャープ（株）の場合には、製造業ですので、製品などは、当然、**適正な原価計算**の方法により計算されています。その原価計算方法には、実際原価計算や標準原価計算などがあります。ここでは入門ということでこれ以上の説明は省きます。

　貸借対照表日（決算日）における棚卸資産の取得原価が、その時価（市場価格）より低くなったときには、その差額を低価基準の適用による**棚卸評価損**（費用）を計上することもあります。時価が、原価の半分を割ったときには、差額を必ず評価損として計上することになります。また、在庫としての帳簿数量が実際数量よりも少ないことを**棚卸減耗**といい、この数量の減少分の原価を**棚卸減耗費**（費用）として計上します。この場合の棚卸資産の貸借対照表への記載金額は、棚卸評価損や棚卸減耗費を差し引いた金額となります。

（5）その他の流動資産

区分	注記番号	前事業年度 (平成18年3月31日現在)		当事業年度 (平成19年3月31日現在)	
		金額（百万円）	構成比（％）	金額（百万円）	構成比（％）
（資産の部） I　流動資産 　　　： 　8　前払費用 　9　繰延税金資産 10　未収入金 11　その他 　　　：		： 1,142 28,941 86,686 23,434 ：		： 1,142 450,451 101,385 20,162 ：	

　その他の流動資産は、原則として1年基準の適用がされます。それには、繰延税金資産のほかに、有価証券や固定資産を売却したときの売却代金を後日受取る約束での**未収（入）金**、金銭の貸付による**貸付金**、取引先や従業員などへの会社が立て替えて支払った**立替金**、前払費用・未収収益の**経過勘定項目**などがあります。なお、未収金や貸付金についても貸倒れの可能性がある場合には、「貸倒引当金」を計上することになっています。ここでは繰延税金資産と経過勘定について説明します。

繰延税金資産とは、簡単にいうと、当期に次年度に支払うべき税金を余分に支払ったもので、その性格は後で述べる**前払費用**と同じものと考えられます。もし、この前払税金が、数年間にわたる場合には、固定資産（投資その他の資産）に記載されます。繰延税金資産の考え方や具体的な処理は、**税効果会計**で学びます。

　経過勘定項目の**前払費用**とは、貸借対照表日（決算日）現在、次年度の損益計算書に計上すべき費用を当期に前払いした代金をいいます。前払費用で１年以上のものについては固定資産（投資その他の資産）に記載されます。また、**未収収益**は、当期の損益計算書に収益として計上しなければならないものを代金の受取がないために計上できなかった未収分をいいます。いずれも、一定の契約で継続して役務（サービス）の授受が条件です。

３．「固定資産」を考える

区分	注記番号	前事業年度 （平成 18 年 3 月 31 日現在）		当事業年度 （平成 19 年 3 月 31 日現在）	
		金額（百万円）	構成比（％）	金額（百万円）	構成比（％）
（資産の部） 　　： Ⅱ　固定資産 　1　有形固定資産 　　： 　　有形固定資産合計		： ： 755,024	 35.8	： ： 847,251	 35.0
2　無形固定資産 　　： 　　無形固定資産合計		 ： 41,491	 2.0	 ： 50,536	 2.1
3　投資その他の資産 　　： 　　投資その他の資産合計		 ： 332,776	 15.7	 ： 338,231	 14.0
固定資産合計		1,129,292	53.5	1,236,020	51.1

　固定資産とは、将来、１年以上にわたって保有され、または利用されるもので、販売を予定しないもので、有形固定資産、無形固定資産および投資その他の資産があります。

（1）有形固定資産
　有形固定資産とは、物理的実体として目に見えて触れることができるものをいいます。これには、①店舗・事務所・工場・倉庫などの本体とそのエレベータや冷暖房設備などの付帯設備などを含む**建物**、②土地に定着する設備や工作物などの**構築物**、③製品の製造・加工用のための**機械及び装置**、④海上運搬具としての**船舶**、⑤自動車やトラックなどの陸上運搬具としての**車両運搬具**、⑥１年以上使用する**工具・器具・備品**、⑦事務所・営業所及び工場用の敷地などの**土地**（ただし投機目的の場合には「投資その他の資産」に記載される）、⑦建物・設備や機械装置の長期にわたる建設途上にある**建設仮勘定**などがあります。

区分	注記番号	前事業年度 (平成18年3月31日現在)		当事業年度 (平成19年3月31日現在)	
		金額（百万円）	構成比 (％)	金額（百万円）	構成比 (％)
（資産の部） ： Ⅱ　固定資産 　1　有形固定資産		：		：	
（1）建　物		472,234		518,434	
減価償却累計額		△252,309	219,924	△268,403	250,031
（2）構築物		35,355		33,666	
減価償却累計額		△20,142	12,212	△21,042	12,623
（3）建物及び装置		1,163,370		1,340,993	
減価償却累計額		△813,859	349,511	△912,928	428,065
（4）車両その他の 　　　陸上運搬具		902		965	
減価償却累計額		△628	274	△724	240
（5）工具、器具及び備品		285,710		308,397	
減価償却累計額		△240,128	45,581	△258,440	49,957
（6）土地		50,302		50,139	
（7）建設仮勘定		77,217		56,194	
有形固定資産合計		755,024	35.8	847,251	35.0

　なお、貸借対照表への記載金額は、原則として購入代価に売買手数料や据付費など付随費用を加算した取得原価ですが、その取得原価から毎期の価値減少分である減価償却費の累計額（減価償却累計額）を控除した金額を記載することになります（第11章5.を参照）。

（2）無形固定資産

区分	注記番号	前事業年度 (平成18年3月31日現在)		当事業年度 (平成19年3月31日現在)	
		金額（百万円）	構成比 (％)	金額（百万円）	構成比 (％)
（資産の部） ： Ⅱ　固定資産 ： 　2　無形固定資産		：		：	
（1）工業所有権		11,923		10,896	
（2）施設利用権		826		791	
（3）ソフトウエア		28,742		38,848	
無形固定資産合計		41,491	2.0	50,536	2.1

　無形固定資産とは、具体的な形を有しない長期間利用できるものをいいます。これには、特許権・商標権・実用新案権などのような工業所有権や各種施設の利用権である施設利用権などの**法律上の権利**および他の企業をその帳簿価額よりも高い金額で購入した場合に発生する**のれん　（営業権）**などがあります。
　法律上の権利については、原則として取得原価ですが、当該有効年数にわたって価値減

少分を均等償却した償却額を控除した金額を記載します。

　のれん（営業権）の評価には特別な計算がありますが、その償却期間は 20 年となっています。ここではその説明を省きます。

　なお、借地権や地上権のように償却を必要としない無形固定資産もあります。

（3）投資その他の資産

区分	注記番号	前事業年度 （平成 18 年 3 月 31 日現在）		当事業年度 （平成 19 年 3 月 31 日現在）	
		金額（百万円）	構成比（%）	金額（百万円）	構成比（%）
（資産の部） 　　　： Ⅱ　固定資産 　　　： 　3　投資その他の資産		： ： ：		： ： ：	
（1）　投資有価証券		94,995		88,945	
（2）　関係会社株式		153,607		157,607	
（3）　出資金		56		56	
（4）　関係会社出資金		26,253		29,663	
（5）　従業員長期貸付金		13		8	
（6）　更生債権等		2		1	
（7）　長期前払費用		31,562		33,557	
（8）　繰延税金資産		21,345		16,136	
（9）　その他		4,941		12,257	
（10）　貸倒引当金		△2		△2	
投資その他の資産合計		1,129,292	15.7	338,231	14.0

　投資は、1 年基準の適用により、1 年を超えて保有・利用または支配するものをいいます。それには余剰資金の長期的利殖目的で、他企業を支配・統制または取引関係を維持する目的での出資や貸付をいいます。長期的利殖目的では、投資有価証券・長期出資金・長期貸付金・長期性預金・投資不動産などがあります。他企業を支配・統制または取引関係を維持する目的では、子会社株式・子会社出資金などがあります。ここで、**子会社**とは、親会社から財務面や営業面で支配されている会社をいいます。その他に**関係会社**や**関連会社**がありますが、それぞれについて規定があります。

　その他の資産には、貸借対照表日（決算日）の翌日から 1 年を超えている費用や税金支払である**長期前払費用**や**繰延税金資産**、それ以外に**破産債権**や**更生債権**などがあります。

　投資その他の資産に記載される有価証券には、「満期保有目的の債券」・「子会社株式および関連会社株式」・「その他の有価証券」・「市場性のない有価証券」 4 つがあります。

　社債などの**満期保有目的の債券**に対する貸借対照表への記載額は、取得原価で行います。ただし、債権を債権金額よりも低い金額や高い金額で取得し、その差額が金利の一部と考えるときには、償還期に至るまで、毎期一定の方法で貸借対照表価額を、低い場合には増加し、高い場合には減額することになっています。

　　子会社株式および関連会社株式と市場性のない有価証券については、取得原価で記載します。

　　その他有価証券には、上記以外の有価証券で長期所有目的の有価証券や株式を会社相互で持ち合う相互持合株などです。この場合には時価で評価することになっています。

4.「繰延資産」を考える

	注記番号	前事業年度 （平成18年3月31日現在）		当事業年度 （平成19年3月31日現在）	
		金額（百万円）	構成比 （%）	金額（百万円）	構成比 （%）
（資産の部） 　　　： Ⅲ　繰延資産 　1　社債発行費 　　繰延資産合計		： — —		： 4,865 4,865	0.2

　　繰延資産とは、その支出により将来の期間の損益に影響することから、次期以後の期間に合理的に配分するために、経過的に貸借対照表に記載するもので、まったくこの資産を販売することはできません。これらは譲渡価値がない資産であることから、特に擬制資産といいます。

　　財務諸表等規則による繰延資産として、創立準備のための創立費、開業準備のための開業費、新株発行のための新株交付費、社債発行のための社債発行費および新市場開拓のための開発費の5つに限定されています。

　　なお、これらの支出額は、原則として、支出時に全額費用として計上することになっていますが、繰延資産として資産計上できることになっています。

　　繰延資産の貸借対照表への記載金額については、毎決算期に計算された償却額（費用として計上されます）を差し引いた金額となります。その償却期間については、明確な規定はなく、公正なる会計慣行に従うものとなります。公正なる会計慣行としては企業会計基準委員会の「繰延資産の会計処理に関する当面の取扱」によることになります。この取扱によると、毎決算期において、創立費や開業費は5年以内に、株式交付費は3年以内に、社債発行費は償還期限内に、開発費は5年以内に、それぞれの支出額に対して定額法により月割均等額を償却することになっています。

5.「資産構成比率」を考える

　　資産構成比率は、各資産金額を資産全体の金額（資産総額）との割合を求めることで、資産の重要性または資産の安全性を判断するのに役立ちます。

$$\text{資産構成比率} \ = \ \frac{\text{各資産の金額}}{\text{資産総額}} \ \times 100 \ (\%)$$

この比率は、資産の重要性または安全性は、支払手段として利用できる現金預金と現金預金への換金期間の早い資産がどのくらいあるかをみることができます。その判断は、次のようにします。

① 固定資産よりも流動資産を多くもっていた方がよい

② 流動資産のなかでも棚卸資産よりも当座資産（現金預金、営業債権および売買目的有価証券の合計）を多くもっていた方がよい

③ 当座資産の中では、現金預金（即座に売却可能で換金可能な売買目的有価証券を加える場合もあります）を多くもっていた方がよい。

なお、資産構成を考える上で大切なことは、資産は多くもなく少なくもない**適正資産額**であることがベストとされています。というのは、余剰な現金預金は、それを投資に回すことで利息などの受取りという収益または利益獲得の機会を得ることができます。また、棚卸資産や固定資産などの資産を過度に保有していると保管費用や維持費用等の費用が余分にかかり、利益の計上を少なくすることになります。逆に、棚卸資産や固定資産などの資産が過度に少ないと本来は商品等を売る機会があっても、生産設備の不足、結果として棚卸資産などが不足して、売るべき商品等がなくなり、結果として、収益または利益獲得の機会を無くしてしまうことになります。

シャープ（株）の資産構成比率表 平成 19 年 3 月 31 日現在　　　　　（百万円／％）			
総資産 (2,418,592/100.0)	流動資産 (1,177,707/48.6)	当座資産 (821,801/34.0)	現金預金 (371,306/15.4)
			営業債権 (450,495/18.6)
			有価証券 (―／―)
		棚卸資産 (204,386/8.5)	
		その他の流動資産 (121,547/5.0)	
		貸倒引当金 (△26/△0.0)	
	固定資産 (1,236,020/51.1)	有形固定資産 (847,251/35.0)	
		無形固定資産 (50,536/2.1)	
		投資その他の資産 (338,231/14.0)	
		貸倒引当金 (△2/0.0)	
	繰延資産 (4,865/0.2)		

（※　％…第 2 位未満四捨五入）

第5章　貸借対照表の「負債」を学ぶ

1.「負債」を考える

区分	注記番号	前事業年度 （平成18年3月31日現在）		当事業年度 （平成19年3月31日現在）	
		金額（百万円）	構成比（%）	金額（百万円）	構成比（%）
（負債の部） I　流動負債 　　： 　負債合計		： 1,061,405	50.3	： 1,036,898	54.0

　勘定式による貸借対照表の右側には、企業の負債と純資産(資本)が記載されています。これらは資産に対する債権またはその資産を取得するための資金（または資本）の調達源泉と考えられます。**負債**は、企業外部の第三者からの調達資本ということで、これを**他人資本**といいます。具体的には、支払いや返済を要する弁済義務、または財貨・用役の引渡義務が発生するものをいいます。

　ほとんどの負債は、いつまで（期間）に、誰（相手）に対して、支払や返済の金額などが確定していることから、**確定債務**ともいわれます。なお、期間、相手または金額のいずれか一つが確定していないものも負債に計上することができます。これを**条件付債務**といい、負債性の引当金がこれに当たります。

2.「流動負債」と「固定負債」を考える

　負債を流動負債と固定負債に分類する基準は、資産と同様に、支払期限の長短を重視した財務流動性の観点で行われます。まず、**（正常）営業循環基準**により、営業循環過程内にある負債をすべて流動負債とします。つぎに、営業循環過程外の負債については**1年基準**

により、貸借対照表日（決算日）の翌日から1年以内に支払または返済となるものは流動負債とし、1年を超えるものは固定負債とします。

（1）流動負債

区分	注記番号	前事業年度 （平成18年3月31日現在）		当事業年度 （平成19年3月31日現在）	
		金額（百万円）	構成比（％）	金額（百万円）	構成比（％）
（負債の部） Ⅰ　流動負債 ： 　　流動負債合計		： 890,921	42.2	： 1,002,254	41.4

　流動負債には、「支払手形」・「買掛金」などの営業債務（または仕入債務）・「短期借入金（手形借入金も含む）」・「未払金」・「未払費用」・「未払法人税等」・「繰延税金負債」・「前受金」・「前受収益」・「預り金」・「引当金」などがあります。

①　営業債務

区分	注記番号	前事業年度 （平成18年3月31日現在）		当事業年度 （平成19年3月31日現在）	
		金額（百万円）	構成比（％）	金額（百万円）	構成比（％）
（負債の部） Ⅰ　流動負債 　1　支払手形 　2　買掛金		9,000 465,836 ：		7,753 587,869 ：	

　支払手形は、仕入先からの商品・材料などの仕入代や買掛金支払いのために約束手形の振り出しや為替手形の引き受けから生ずる営業上の**手形債務**をいいます。なお、設備の建設・固定資産や有価証券購入のためなど通常取引以外によって生じた手形債務は、原則として「**営業外支払手形**」で処理します。

　買掛金は、商品・材料などの仕入代を、掛けの約束で行ったときの営業上の未払金で、**掛債務**となるものです。

②　短期借入金（手形借入金を含む）と社債（1年以内償還予定）

区分	注記番号	前事業年度 （平成18年3月31日現在）		当事業年度 （平成19年3月31日現在）	
		金額（百万円）	構成比（％）	金額（百万円）	構成比（％）
（負債の部） Ⅰ　流動負債 ： 　3　短期借入金 　4　社債（1年以内償還） 　5　コマーシャル・ペーパー ：		： 10,000 0 150,000 ：		： 20,000 50,000 3,500 ：	

短期借入金とは、借用証書による金銭の借り入れで、貸借対照表日（決算日）現在の翌日から1年以内返済することになっているものです。手形振出による借り入れは、手形借入金となりますが、短期借入金として記載します。なお、コマーシャル・ペーパーも手形借入金とほぼ同じものです。1年を超えるものは長期借入金として固定負債となります。

　　社債（1年以内償還予定）とは、返済期限（償還期限）が1年以上として「社債」として固定負債に記載されたものが、その返済期限が貸借対照表日（決算日）の翌日から1年以内になったものをいいます。

③　未払金と未払費用

区分	注記番号	前事業年度 （平成18年3月31日現在）		当事業年度 （平成19年3月31日現在）	
		金額（百万円）	構成比（%）	金額（百万円）	構成比（%）
（負債の部） I　流動負債 　　： 　6　未払金 　7　未払費用 　　：		： 97,547 85,754		： 141,886 115,716	

　　未払金とは、一般には、有価証券や固定資産の購入、その他通常の取引以外の取引によって生じた未払額をいいます。その他に役務の提供がすでに終了した広告料や販売手数料などの費用の未払額もあります（役務の提供が継続中の未払費用と間違わないでください）。未払酒税は、酒税の未払額なので、未払金の一種です。1年を超えた未払金は固定負債に記載します。

　　未払費用とは、継続的に役務（サービス）の提供を受けることが契約により約束されている場合で、貸借対照表日（決算日）現在に、すでに役務の提供を受けているが、その代金を支払っていないものをいいます。

④　未払法人税等と繰延税金負債

区分	注記番号	前事業年度 （平成18年3月31日現在）		当事業年度 （平成19年3月31日現在）	
		金額（百万円）	構成比（%）	金額（百万円）	構成比（%）
（負債の部） I　流動負債 　　： 　8　未払法人税等 　　：		： 26,122		： 20,925	

　　未払法人税等とは、法人税・住民税および事業税等の未払額をいいます。

　　繰延税金負債とは、税効果会計にて計算された法人税等の未払額で、将来の法人税等の支払額を増額する効果をもっています。なお、1年を超えた場合には、固定負債として記載します。詳しくは、繰延税金資産と同様に、第15章の税効果会計で扱います。

⑤　前受金と前受収益

区分	注記番号	前事業年度 (平成18年3月31日現在)		当事業年度 (平成19年3月31日現在)	
		金額（百万円）	構成比 (%)	金額（百万円）	構成比 (%)
（負債の部） Ⅰ　流動負債 　　： 9　前受金 　　：		： 164		： 444	

　前受金とは、特定の契約により確定債務代金の一部の支払いを前もって受けたもので、財貨や役務の給付義務があるものをいいます。たとえば、売上商品等の売上代金の一部や工事代金の一部を内金として受け取ったときのその代金です。

　前受収益とは、賃貸料、利息、手数料等の収益額につき、貸借対照表日（決算日）現在に、継続して役務の提供を行うことが契約により約束されているときで、いまだ提供していない役務に対して支払いを受けた代金（次期の収益として計上すべきものをすでに当期に受け取ったときのその代金）をいいます。

⑥　預り金

区分	注記番号	前事業年度 (平成18年3月31日現在)		当事業年度 (平成19年3月31日現在)	
		金額（百万円）	構成比 (%)	金額（百万円）	構成比 (%)
（負債の部） Ⅰ　流動負債 　　： 10　預り金 　　：		： 19,349		： 26,297	

　預り金とは、営業取引に関連して預かる金銭で、短期間に支払うものをいいます。これには取引先からの預り金や預かり保証金、源泉徴収した従業員や役員の所得税や社会保険料の預り金などがあります。なお、貸借対照表日（決算日）の翌日から1年を超える預り金は、固定負債として記載します。

⑦　「その他」の流動負債

区分	注記番号	前事業年度 (平成18年3月31日現在)		当事業年度 (平成19年3月31日現在)	
		金額（百万円）	構成比 (%)	金額（百万円）	構成比 (%)
（負債の部） Ⅰ　流動負債 　　： 14　その他		： 554		： 172	

　「その他の流動負債」とは、営業外で生じた1年以内の手形債務や未払金、内容不明の金銭の受入を表す仮受金や損害保険金の支払にあたりその金額が確定しないときの未決算

勘定などをいいます。

（2）固定負債

	注記番号	前事業年度 （平成 18 年 3 月 31 日現在）		当事業年度 （平成 19 年 3 月 31 日現在）	
区分	注記番号	金額（百万円）	構成比 （%）	金額（百万円）	構成比 （%）
（負債の部） 　　　： Ⅱ　固定負債 　　　： 　　固定負債合計		： ： 170,484	8.1	： ： 304,643	12.6

　固定負債は、1 年基準における貸借対照表日（決算日）の翌日から 1 年を超えて支払または返済が必要なものです。

①　社債と長期借入金

	注記番号	前事業年度 （平成 18 年 3 月 31 日現在）		当事業年度 （平成 19 年 3 月 31 日現在）	
区分	注記番号	金額（百万円）	構成比 （%）	金額（百万円）	構成比 （%）
（負債の部） 　　　： Ⅱ　固定負債 　1　社債 　2　新株予約権付社債 　3　長期借入金 　　　：		： 100,000 — 70,001 ：		： 50,000 204,642 50,000 ：	

　社債とは、企業が社債券という有価証券を証券市場で発行し資金を調達するための債務です。社債券の発行は利息支払をともなう一種の借用証書です。社債は、償還期限（返済期限）になると券面の金額（額面価額）を支払うことになります。社債の返済を社債の償還といいます。

　社債発行には、額面と同額を発行する**平価発行**、額面以上の金額で発行する**打歩発行**、額面以下の金額で発行する**割引発行**があり、日本では「割引発行」が一般的です。割引発行の場合の発行価額で記帳します。また、額面金額と発行価額との差額は、償還期限内に、償却原価法により社債の金額を増額させるとともに、社債利息として損益計算書に計上していきます。

　新株予約権付社債とは、将来、社債権者から新株の交付を求められたときに、株式の交付を約束した社債です。

　長期借入金は、金融機関からの資金調達の方法で、返済日が貸借対照表日（決算日）の翌日から 1 年以上となっているものです。

　なお、償還期限や返済期限が 1 年以内となったときには、社債（1 年以内償還予定）や短期借入金として流動負債に記載することになります。

②　長期預り金

　長期預り金は、預り金の返済日が貸借対照表日（決算日）の翌日から1年以上となる負債です。返済日が1年以内になる預り金は流動負債に記載されます。

３．「引当金」を考える

区分	注記番号	前事業年度 （平成18年3月31日現在）		当事業年度 （平成19年3月31日現在）	
		金額（百万円）	構成比（%）	金額（百万円）	構成比（%）
（負債の部） Ⅰ　流動負債 　　　： 　11 賞与引当金 　12 役員賞与引当金 　13 製品保証引当金 　　　： Ⅱ　固定負債 　　　： 　4 退職給付引当金		： 22,700 — 3,890 ： ： 483		： 22,800 529 4,360 ： ： 0	

　確定債務ではなく、一定の条件が満たされたときに見積額で計上する負債が**引当金**です。引当金には、**評価性引当金**としての貸倒引当金があり、条件付債務として計上を認められている**負債性引当金**としての退職給付引当金（役員退職慰労引当金も同じ性格です）、賞与引当金、製品保証等引当金、売上割戻引当金、返品調整引当金、景品費引当金などがあります。これらは**債務性のある引当金**ともいわれています。なお、負債性引当金には、債務性のない引当金で、**会計的負債**といわれる修繕引当金や特別修繕引当金があります。

　ここでは、よく使用されている受取手形や売掛金その他の金銭債権に対する貸倒引当金と従業員の退職時の一時金支給に対する退職給付引当金を例にしながら引当金を考えていきます。引当金を計上するためには次の4つの条件を満たさなければなりません。

　（ⅰ）　将来の特定の費用または損失に関連したものです。

　貸倒引当金は将来発生する売掛金等の債権の貸倒れ時に、退職給付引当金は従業員等の退職時に費用が発生しています。

　（ⅱ）　その費用または損失の発生が当期以前の事象に起因していることです。

　貸倒引当金は売掛金等の債権等は当期以前に発生しており、未回収のものです。退職給付引当金は、従業員等が当期以前から継続的に勤務しています。

　（ⅲ）　その費用または損失の発生の可能性が高いことです。

　貸倒引当金は毎期経験的に一定割合の金額が、退職給与引当金はその退職金が労働協約や就業規則等により確実に発生します。

　（ⅳ）　その費用または損失の金額を合理的に見積もることができることです。

　貸倒引当金は貸倒見積額を過去の経験により、退職給与引当金は、退職時支給額を退職支給規定によりそれぞれ合理的に見積もることができます。

（1）貸倒引当金の記載方法

区分	注記番号	前事業年度 （平成18年3月31日現在）		当事業年度 （平成19年3月31日現在）	
		金額（百万円）	構成比（%）	金額（百万円）	構成比（%）
（資産の部） I　流動資産		:		:	
2　受取手形		123		44	
3　売掛金		367,075		450,451	
:					
12　貸倒引当金		△45		△26	
:					
II　固定資産					
:					
3　投資その他の資産					
:					
（10）貸倒引当金		△2		△2	

　貸倒引当金は、受取手形や売掛金の営業債権のほかに短期貸付金等のその他の短期債権に対しては流動資産の部に、長期貸付金や破産債権や更生債権などその他の長期債権に対しては固定資産の部にそれぞれ記載されます。
　記載方法には、①貸借対照表に個々の債権別金額、個々の債権別の貸倒引当金、その差額（回収見込額）を記載する個別記載法、②個々の債権別金額と個々に、またはまとめて計算した貸倒引当金の合計額を一括して記載する**一括記載法**、③個々の債権別金額は、個々の貸倒引当金を差し引いた差額（回収見込額）を記載し、貸倒引当金を個々に記載する**個別注記記載法**または④一括して注記形式で記載する**一括注記記載法**があります。

① **個別記載法**

　　　　貸借対照表(一部)

I 流動資産
　　　　　　　　　　　　　：
　受取手形　　　　×××
　貸倒引当金　　<u>△×××</u>　　×××
　売　掛　金　　　×××
　貸倒引当金　　<u>△×××</u>　　×××
　　　　　　　　　　　　　：

② **一括記載法**

　　　　貸借対照表(一部)

I 流動資産
　　　　　　　　　　　　　：
　受取手形　　　　　　　×××
　売　掛　金　　　　　　×××
　　　　　　　　　　　　　：
　貸倒引当金　　　　　△×××
　　　　　　　　　　　　　：

③ **個別注記記載法**

　　　　貸借対照表(一部)

I 流動資産
　　　　　　　　　　　　　：
　受取手形(注)　　　×××
　売　掛　金(注)　　×××
　　　　　　　　　　　　　：
(注)貸倒引当金は、受取手形に¥×××、
　売掛¥×××が設定されている。

④ **一括注記記載法**

　　　　貸借対照表(一部)

I 流動資産
　　　　　　　　　　　　　：
　受取手形(注)　　　　　×××
　売　掛　金(注)　　　　×××
　　　　　　　　　　　　　：
(注)貸倒引当金は、受取手形と売掛金とに
　¥×××が設定されている。

（2）その他の引当金の記載場所

　貸倒引当金以外の引当金は、貸借対照表日（決算日）現在の1年基準で判断します。例えば、賞与引当金などは流動負債として、退職給付引当金や役員退職慰労引当金などは、固定負債として記載することになります。

4．「流動比率」と「当座比率」を考える

区分	注記番号	前事業年度 （平成18年3月31日現在）		当事業年度 （平成19年3月31日現在）	
		金額（百万円）	構成比 （％）	金額（百万円）	構成比 （％）
（資産の部） I　流動資産					
1　現金及び預金		323,890		371,306	
2　受取手形		123		44	
3　売掛金 　　　： 　　　：		367,075		450,451	
流動資産合計		981,547		1,177,707	
（負債の部） I　流動負債 　　　：					
流動負債合計		1,061,405		1,306,898	

　流動比率と当座比率は短期の支払能力をみる安全性の分析です。

　流動比率は、2対1の原則ともいわれ、流動資産を流動負債で除して求められ、200％以上が、支払能力があり安全とされています。

　当座比率は、**酸性試験比率**ともいわれ、当座資産を流動負債で除して求められ、100％以上が、支払能力があり安全とされています。この比率は、流動比率よりもより厳密な比率です。

$$流動比率 = \frac{流動資産}{流動負債} \times 100（％）\qquad 当座比率 = \frac{当座資産}{流動負債} \times 100（％）$$

シャープ（株）での流動比率と当座比率は次のとおり（％未満第2位四捨五入）。

　各年度の流動比率はかなり悪い、さらに当座比率もやや悪く、安全性に問題があるが、期間比較ではやや改善されているといえます。

比率名	前事業年度	当事業年度
流動比率	$\dfrac{981,547}{890,921} \times 100$ $= 110.2\%$	$\dfrac{1,177,707}{1,002,254} \times 100$ $= 117.5\%$
当座比率	$\dfrac{323,890+123+367,075}{890,921} \times 100$ $= 77.6\%$	$\dfrac{371,306+44+460,461}{1,002,254} \times 100$ $= 83.0\%$

第6章　貸借対照表の「純資産（資本）」を学ぶ

1．「純資産（資本）」を考える

区分	注記番号	前事業年度 （平成18年3月31日現在）		当事業年度 （平成19年3月31日現在）	
		金額（百万円）	構成比（%）	金額（百万円）	構成比（%）
（純資産の部） I　株主資本 ： ：		： ：		： ：	
純資産合計		1,049,434	49.7	1,111,694	46.0
負債・純資産合計		2,110,839	100.0	2,418,592	100.0

　純資産（**資本**）は、企業主（出資者）が出資した資金で自己資本といわれます。他人資本（負債）のように第三者に対する弁済義務や引渡義務などはありません。他人資本（負債）と自己資本（純資産）を総称して総資本といいます。

　個人企業の純資産（資本）は、出資または元入れ金額が資本金となります。営業活動の結果としての稼得利益は当期純利益であり、資本金を増加させます。逆に純損失は、資本金を減少させます。

　株式会社を中心とした純資産（自己資本）は、法律（会社法）上の観点から、原則として株主が関係する**払込資本**と、営業活動の結果としての稼得利益に関係する**稼得資本**に分けられます。

　貸借対照表における「純資産（資本）の部」の表示は、「株主資本」とそれ以外の「その他包括利益累計額（または評価換算差額等）」に大別されます（その他に新株予約権があります）。

２．「株主資本」を考える

　株主資本は、「資本金」・「資本剰余金」・「利益剰余金」・および「自己株式」の順に区分記載することになっています。このうち、**自己株式**は、自社が発行した株式を取得することから、株主資本の減少（マイナス）となります。さらに、**資本剰余金**は、資本準備金とその他資本剰余金に、**利益剰余金**は、利益準備金とその他利益剰余金に区分表示されます。

（１）資本金

区分	注記番号	前事業年度 (平成18年3月31日現在)		当事業年度 (平成19年3月31日現在)	
		金額 (百万円)	構成比 (%)	金額 (百万円)	構成比 (%)
（純資産の部） I　株主資本 　1　資本金 　:		: 204,675 :	9.7	: 204,675 :	8.5

　株式会社の「**資本金**」の金額は、原則として、株主等の払込金額の全額となります。その発行価額の２分の１を超えない額を資本金としないことができます。資本金としない部分は、次の資本剰余金の資本準備金となります。

（２）資本剰余金

区分	注記番号	前事業年度 (平成18年3月31日現在)		当事業年度 (平成19年3月31日現在)	
		金額 (百万円)	構成比 (%)	金額 (百万円)	構成比 (%)
（純資産の部） I　株主資本 　: 　2　資本剰余金 　(1)資本準備金 　(2)その他資本剰余金		: : 261,415 872		: : 261,415 880	
資本剰余金合計		262,287	12.4	262,295	10.8

　資本剰余金には、「資本準備金」と「その他資本剰余金」があります。
　資本準備金は、会社法上の債権者保護の観点で、資本金と同様に会社財産を維持し確保するために債権者の担保としての性格をもちます。資本準備金には、株式払込金額のうち資本金としなかった株式払込剰余金と他企業との合併や買収にあたって引き継いだ資産や負債などの金額よりも少ない金銭や株式を交付したときの差額である合併差益などがあります。この取崩は、資本組入や欠損填補のためという特殊な場合に限られています。

その他資本剰余金には、資本剰余金のうち資本準備金としなかった部分です。たとえば、減資手続きにより減少した資本額が株式の償却または払戻に要した金額、または欠損填補にあてた金額を超過したときの資本金減少差益、その他に資本準備金減少差益や自己株式処分差益があります。

（３）利益剰余金

区分	注記番号	前事業年度 （平成18年3月31日現在）		当事業年度 （平成19年3月31日現在）	
		金額（百万円）	構成比(%)	金額（百万円）	構成比(%)
：		：		：	
（純資産の部）					
Ⅰ　株主資本					
：		：		：	
2　利益剰余金					
（1）利益準備金		26,115		26,115	
（2）その他利益剰余金					
特別償却準備金		9,725		20,119	
固定資産圧縮積立金		4,647		4,388	
固定資産圧縮					
特別勘定積立金		—		105	
退職給与積立金		1,756		1,756	
配当準備積立金		2,900		2,900	
別途積立金		441,950		492,950	
繰越利益剰余金		96,276		100,197	
利益剰余金合計			582,369	27.6	648,530	26.8

　利益剰余金には、利益準備金とその他利益剰余金に大別されます。

　利益準備金は、会社法の規定により強制的に積み立てられるものです。

　その他利益剰余金は、利益剰余金のうち利益準備金を除いたもので、具体的には任意積立金と繰越利益剰余金などがあります。

　任意積立金は、株主総会等で繰越利益剰余金の処分として積み立てられた利益の社内留保額です。これには、将来の社債償還のための「減債積立金」、中間配当や平均的配当を行うための「中間配当積立金」や「配当平均（準備）積立金」、事業拡張や欠損填補のための「事業拡張積立金」や「欠損填補積立金」などがあり、これらは特定目的のために積み立てられることから「特定目的積立金」といいます。なお、不特定目的のために積み立てられる「別途積立金」があります。その他に、固定資産の特別償却や圧縮記帳のための「特別償却準備金」や「圧縮記帳積立金」、さらに退職時の一時金支給のために「退職給与積立金」などがあります。

　繰越利益剰余金は、当期に稼いだ利益（当期純利益）で、株主総会前の処分前利益のことです。また、当期に発生した損失（当期純損失）は、繰越利益剰余金のマイナスであり、結果として、その他利益剰余金からのマイナスとして処理します。

（4）剰余金の配当

　株主は、その他資本剰余金やその他利益剰余金を原資として、金銭や現物による配当を受けることができます。この配当を**剰余金の配当**といいます。

　なお、配当をその他資本剰余金から行う場合には、資本準備金への積立が、また、その他利益剰余金から行う場合には、利益準備金への積立が必要となります。その積立すべき金額は、利益準備金と資本準備金との合計額が、その資本金の4分の1に達するまでは、毎決算期に利益剰余金からの配当（中間配当を含む）を行ったときには、その配当の10分の1を積み立てることになっています。ただし、その積立額が、すでに「資本金の4分の1」の金額に達している場合には、積立は不要となります。また、その積立により「資本金の4分の1」を超える場合には、その「資本金の4分の1」に達するまでの金額を、さらに、その積立により「資本金の4分の1」に達しないときには、配当金の10分の1の全額を積み立てることになります。このように、利益準備金と資本準備金との間には、原資の違いを除き違いはありません。

　なお、剰余金の配当については、無制限に行うことはできず、債権者保護の観点から純資産額が300万円を超えていなければ配当ができないという**配当制限**が設けられています。

（5）自己株式

| 区分 | 注記番号 | 前事業年度
（平成18年3月31日現在） | | 当事業年度
（平成19年3月31日現在） | |
		金額（百万円）	構成比（%）	金額（百万円）	構成比（%）
		：		：	
（純資産の部） Ⅰ　株主資本 ： 　4　自己株式		： △6,380		： △26,843	

　自己株式とは、金庫株ともいわれ、自社が発行した株式を自社が取得したときの株式をいいます。取得した自己株式は、株主資本から控除する形式で記載します。

3.「その他包括利益累計額（または評価換算差額等）」を考える

区分	注記番号	前事業年度 （平成18年3月31日現在）		当事業年度 （平成19年3月31日現在）	
		金額（百万円）	構成比 (%)	金額（百万円）	構成比 (%)
： （純資産の部） ： Ⅱ　その他包括利益累計額 　1　その他有価証券評 　　　価差額金 　2　繰延ヘッジ損益		： ： 26,481	 1.3	： ： 23,117 △79	 1.0 —

　その他包括利益累計額は、個別貸借対照表では「評価換算差額等」ともいわれ純資産（資本）のうち「株主資本」以外のもので、これには、その他有価証券の評価差額をあらわす「その他有価証券評価差額金」やヘッジ会計適用時の「繰延ヘッジ損益」などがあり、将来の利益予備軍としての性格を有しています。

　これらの純資産の内訳の増減明細を表すために、「株主資本等変動計算書」を作成することになっています（巻末資料参照のこと）。

4.「資本取引・損益取引区分の原則」を考える

> **資本取引・損益取引区分の原則は、一般原則第3に「資本取引と損益取引を明瞭に区別し、特に資本剰余金と利益剰余金とを混同してはならない」と規定している。**

　資本取引と損益取引区分の原則は、**資本と利益の区分の原則**または**剰余金区分の原則**ともいわれ、資本と利益を明確に区別し、真実性の原則を処理面から保証する原則です。

　資本取引とは、直接、純資産（資本）の増加や減少を示す取引であり、損益取引とは純資産（資本）の運用の結果として生ずる収益または費用のことです。資本剰余金は、資本取引の結果として、利益剰余金は損益取引の結果としてそれぞれ処理されるので、それを混同すると、利益の隠蔽（本来は利益として計上すべきものを利益としないことで、利益処分すべきものをしないことになります）や資本の食潰し（本来は利益として計上しないのに、利益として計上することで利益処分の対象となります）となり、適正な資本維持や運用ができなくなります。

5.「固定比率」と「自己資本比率」を考える

　長期的な支払能力や安全性をみるには、主として固定比率と自己資本比率があります。

　固定比率は、長期的な観点での固定資産と自己資本（純資産）とが均衡（バランス）が取れているかどうかをみるものです。自己資本比率は、資本の調達源泉からみた資本の安全性を判断するために使用されます。この比率は、返済を要する他人資本（負債）よりも返済不要の自己資本（純資産）が多いかどうかをみるためのものです。

（1）固定比率

区分	注記番号	前事業年度 （平成 18 年 3 月 31 日現在）		当事業年度 （平成 19 年 3 月 31 日現在）	
		金額（百万円）	構成比(%)	金額（百万円）	構成比(%)
（資産の部） ： Ⅰ　固定資産 ： 固定資産合計		： ： 1,129,292	53.5	： ： 1,236,020	54.0
（純資産の部） Ⅰ　株主資本 ： 純資産合計		： 1,049,434	49.7	： 1,111,694	46.0

　固定比率は、自己資本（純資産）を固定資産で除すことで求められます（逆数の場合もあります）。この比率は、固定資産への投資が資金投資として返済不要の資本（自己資本）で行うことが望ましいことから、100％以上（逆数の場合には 100％以下）が安全とされています。

　また、自己資本に固定負債を加算したものを長期資本といいます。この長期資本を自己資本で除して求める方法もあります（逆数で求めることもあります）。この比率を**固定長期適合率**（または長期資本固定比率）といいます。この場合も固定比率が 100％以下であっても、この比率が 100％以上（逆数の場合は 100％以下）あると安全とされています。

$$固定比率 = \frac{自己資本}{固定資産} \times 100 (\%) \qquad 固定長期適合率 = \frac{長期資本}{固定資産} \times 100 (\%)$$

　シャープ（株）での固定比率と固定長期適合率は次の通り（％未満第 2 位四捨五入）。
　各年度の固定比率はやや悪いが、固定長期適合率は 100％以上なので安全といえます。期間比較では、固定比率がやや悪化しているが、固定長期適合率は逆によくなっています。

比率名	前事業年度		当事業年度	
固　定　比　率	$\frac{1,049,434}{1,129,292}$ =92.9%	×100	$\frac{1,111,694}{1,236,020}$ =89.9%	×100
固定長期適合率	$\frac{1,049,434+170,484}{1,129,292}$ =108.0%	×100	$\frac{1,111,694+304,643}{1,236,020}$ =114.6%	×100

（2）自己資本比率

区分	注記番号	前事業年度 （平成18年3月31日現在）		当事業年度 （平成19年3月31日現在）	
		金額（百万円）	構成比（%）	金額（百万円）	構成比（%）
（負債の部） Ⅰ 流動資産 　　： 　負債合計		： 1,061,405	50.3	： 1,306,898	54.0
（純資産の部） Ⅰ 株主資本 　　： 　純資産合計 　負債・純資産合計		： 1,049,434 2,110,839	49.7 100.0	： 1,111,694 2,418,592	46.0 100.0

　自己資本比率は、自己資本（純資産合計）を総資本（負債・資本合計）で除して求めたもので、他人資本である負債は必ず返済されるので、返済不要の自己資本が多い方が安全なので50%以上が望ましいとされています。同様な考えで、自己資本を負債（他人資本）で除して求める方法もあります（逆数の計算もあります）が、これを**負債比率**といい、100%以上（逆数の計算では100%以下）が望ましいとされています。

$$\text{自己資本比率} = \frac{\text{自己資本}}{\text{総資産}} \times 100\,(\%) \qquad \text{負債比率} = \frac{\text{自己資本}}{\text{他人資本}} \times 100\,(\%)$$

　シャープ（株）での自己資本比率と負債比率は次のとおり（％未満第2位四捨五入）。
　各年度の自己資本比率と負債比率ともにやや悪い。期間比較でも、自己資本比率と負債比率ともにやや悪化して安全性に問題が出てきています。

比率名	前事業年度		当事業年度	
自己資本比率	$\dfrac{1,049,434}{2,110,839}$ =49.7%	×100	$\dfrac{1,111,694}{2,418,592}$ =45.9%	×100
負　債　比　率	$\dfrac{1,049,434}{1,061,405}$ =98.9%	×100	$\dfrac{1,111,694}{1,306,898}$ =85.1%	×100

第7章 貸借対照表項目の「増減変化」と「損益の計算」を学ぶ

> この章の構成は次のとおり
> 1.「取引の分解」を考える　2.「損益の計算」を考える　3.「貸借対照表」と「損益計算書」との関係を考える

1.「取引の分解」を考える

　企業の資産・負債および純資産（資本）の金額は、日々増減変化しており、その結果、貸借対照表の資産・負債および純資産（資本）の記載金額も、変化することになります。

　貸借対照表は、会計期間（1年間）の期末時点で作成することになっていますが、日々でも作成はできます。本章では、岩崎功個人が出資して、手焼き煎餅の仕入販売のための「岩崎煎餅屋」という名義の小さなお店を開き、そこで簡単な営業することを前提にして、日々の営業終了後に貸借対照表を作成していきます。そのことで、前章までの貸借対照表の構成項目についての理解をより深めることができます。

＜ケース1＞資本金の元入れ：例　（資産の増加←→純資産の増加）

4月1日　岩崎さんは自己資金 100,000 円を現金で出資し、「岩崎煎餅屋」の名義で営業を開始しました。4月1日現在の貸借対照表は次のとおりになります。

貸 借 対 照 表

岩崎煎餅屋　　　　　　　　　　　　4月1日現在　　　　　　　　　　　（単位：円）

資　産　の　部	金　額	負債および純資産	金　額
現　　　　　　金	100,000	資　　本　　金	100,000
合　　　　計	100,000	合　　　　計	100,000

　この、「岩崎煎餅屋」の貸借対照表から、現金 100,000 円を持っているのが分かります。この現金は、岩崎功個人でしたが、お店の現金であることを表すために、同額を岩崎功個人からの預り金としての性格を有する純資産(資本)としての「資本金」として記入します。これが、第2章で学んだ**企業実体の公準**です。

　4月1日の出来事のことを特に**取引**といいます。この取引により、企業の財政状態に与える影響を記録するために、貸借対照表上で2ヵ所の変更が行われました。その変更を行った後、貸借対照表の左右（貸借）の合計は一致しています。これは、第2章で学んだ**貸**

借平均の原理の適用例です。

＜ケース２＞金銭の借り入れ：例　（資産の増加←→負債の増加）

4月2日　岩崎煎餅屋は、営業資金 100,000 円が不足しているために、銀行から現金で借りることになりました。4月2日現在の貸借対照表は次のとおりになります。

貸 借 対 照 表

岩崎煎餅屋	4月2日現在			（単位：円）
資　　　　産	金　　額	負債および純資産	金　　額
現　　　　　　　金	200,000	借　　入　　金	100,000
		資　　本　　金	100,000
合　　　　計	200,000	合　　　　計	200,000

　金銭の借り入れは、岩崎煎餅屋の現金を 100,000 円増えて 200,000 円になりました。この 100,000 円は、返済を約束した書面（借用証書）に行われ、返済義務がありますので、借入金という負債がでてきましたので、それを貸借対照表に記載します。日付と合計部分の変化を除き、貸借対照表上で変化したところは、「現金」と「借入金」の2ヵ所です。資産合計 200,000 円＝負債合計 100,000 円＋純資産（資本）合計 100,000 円となり、ここでも貸借平均の原理が成り立ちます。以下、この原則が成り立っています。

＜ケース３＞備品の借り入れ：例　（簿記上の取引とはならない）

4月3日　岩崎煎餅屋は、備品をリース会社から 1ヵ月 5,000 円の月末払いの約束で借り入れを行った。4月3日現在の貸借対照表は次のとおりになります。

貸 借 対 照 表

岩崎煎餅屋	4月3日現在			（単位：円）
資　　　　産	金　　額	負債および純資産	金　　額
現　　　　　　　金	200,000	借　　入　　金	100,000
		資　　本　　金	100,000
合　　　　計	200,000	合　　　　計	200,000

　備品の借り入れは、その備品は岩崎煎餅店の所有にはならないので、資産として計上することはできません。したがって貸借対照表は変化しません。なお貸借対照表を変化させる事柄（取引）を**簿記上の取引**といい、この例の場合は簿記上の取引ではないといいます。

＜ケース４＞商品を現金で仕入れる：例　（資産の増加←→資産の減少）

4月4日　岩崎煎餅屋は、商品 150,000 円を仕入れ、代金は現金で支払いました。4月4日現在の貸借対照表は次のとおりになります。

貸 借 対 照 表

岩崎煎餅屋	4月4日現在			（単位：円）
資　　　　産	金　　額	負債および純資産	金　　額
現　　　　　　　金	50,000	借　　入　　金	100,000
商　　　　　　　品	150,000	資　　本　　金	100,000
合　　　　計	200,000	合　　　　計	200,000

　岩崎煎餅店は、現金 200,000 円のうち 150,000 円を減らし 50,000 円となり、商品 150,000 円が増えたことがわかります。

＜ケース５＞商品を現金で販売する：例　（資産の増加←→資産の減少・純資産の増加）

　4月5日　岩崎煎餅屋は、商品 150,000 円で販売し、現金で受け取りました。この商品の仕入代金 80,000 円でした。4月5日現在の貸借対照表は次のとおりになります。

貸　借　対　照　表

岩崎煎餅屋　　　　　　　　　　　4月5日現在　　　　　　　　　　（単位：円）

資　　　産	金　　額	負債および純資産	金　　額
現　　　　　金	200,000	借　　入　　金	100,000
商　　　　　品	70,000	資　　本　　金	100,000
		純　　利　　益	70,000
合　　　　　計	270,000	合　　　　　計	270,000

　岩崎煎餅店は、現金 100,000 円が商品の販売代金により 150,000 円を増やし、250,000 円になり、その代わり商品 100,000 円のうち 80,000 円を減らし 20,000 円となりました。ところで、80,000 円の商品を 150,000 円で販売した差額 70,000 円は、純利益となり、純資産（資本）の増加となります。

＜ケース６＞商品を掛で仕入れる：例　（資産の増加←→負債の増加）

　4月6日　岩崎煎餅屋は、安藤煎餅本舗から商品 130,000 円を仕入れ、代金は掛としました。
　　　　　4月6日現在の貸借対照表は次のとおりになります。

貸　借　対　照　表

岩崎煎餅屋　　　　　　　　　　　4月6日現在　　　　　　　　　　（単位：円）

資　　　産	金　　額	負債および純資産	金　　額
現　　　　　金	200,000	買　　掛　　金	130,000
商　　　　　品	200,000	借　　入　　金	100,000
		資　　本　　金	100,000
		純　　利　　益	70,000
合　　　　　計	400,000	合　　　　　計	400,000

＜ケース７＞商品を掛で販売する：例　（資産の増加←→資産の減少・純資産の増加）

　4月7日　岩崎煎餅屋は、竹内商店へ商品 150,000 円で販売し、代金は売掛金としました。この商品の仕入代金 100,000 円でした。4月6日現在の貸借対照表は次のとおりになります。

貸 借 対 照 表

岩崎煎餅屋 4月7日現在 (単位：円)

資　　　　　産	金　　額	負債および純資産	金　　額
現　　　　　　　金	200,000	買　　掛　　金	130,000
売　　掛　　金	150,000	借　　入　　金	100,000
商　　　　　　　品	100,000	資　　本　　金	100,000
		純　　利　　益	120,000
合　　　計	450,000	合　　　計	450,000

<ケース8>商品を現金で販売する：例　（資産の増加←→資産の減少・純資産の増加）

4月8日　岩崎煎餅屋は、商品 80,000 円で販売し、代金は現金で受取りました。この商品の仕入
代金 50,000 円でした。4月8日現在の貸借対照表は次のとおりになります。

貸 借 対 照 表

岩崎煎餅屋 4月8日現在 (単位：円)

資　　　　　産	金　　額	負債および純資産	金　　額
現　　　　　　　金	280,000	買　　掛　　金	130,000
売　　掛　　金	150,000	借　　入　　金	100,000
商　　　　　　　品	50,000	資　　本　　金	100,000
		純　　利　　益	150,000
合　　　計	480,000	合　　　計	480,000

<ケース9>買掛金の支払：例　（負債の減少←→資産の減少）

4月9日　岩崎煎餅屋は、安藤煎餅本舗の買掛代金 100,000 円を現金で支払った。4月9日現在の
貸借対照表は次のとおりになります。

貸 借 対 照 表

岩崎煎餅屋 4月9日現在 (単位：円)

資　　　　　産	金　　額	負債および純資産	金　　額
現　　　　　　　金	180,000	買　　掛　　金	30,000
売　　掛　　金	150,000	借　　入　　金	100,000
商　　　　　　　品	50,000	資　　本　　金	100,000
		純　　利　　益	150,000
合　　　計	380,000	合　　　計	380,000

<ケース10>売掛金の回収：例　（資産の増加←→資産の減少）

4月10日　岩崎煎餅屋は、竹内商店の売掛代金 100,000 円を現金で受取りました。4月10日
現在の貸借対照表は次のとおりになります。

貸借対照表

岩崎煎餅屋　　　　　　　　　　4月10日現在　　　　　　　　　　（単位：円）

資　　産		金　　額	負債および純資産		金　　額
現	金	280,000	買　　掛　　金		30,000
売　　掛	金	50,000	借　　入　　金		100,000
商	品	50,000	資　　本　　金		100,000
			純　　利　　益		150,000
合　　　　計		380,000	合　　　　計		380,000

＜ケース11＞備品の購入：例　（資産の増加←→資産の減少）

4月11日　岩崎煎餅屋は、備品 150,000 円で購入し、現金で支払いました。4月11日現在の
　　　　　貸借対照表は次のとおりになります。

貸借対照表

岩崎煎餅屋　　　　　　　　　　4月11日現在　　　　　　　　　　（単位：円）

資　　産		金　　額	負債および純資産		金　　額
現	金	130,000	買　　掛　　金		30,000
売　　掛	金	50,000	借　　入　　金		100,000
商	品	50,000	資　　本　　金		100,000
備	品	150,000	純　　利　　益		150,000
合　　　　計		380,000	合　　　　計		380,000

２．「損益の計算」を考える

　上記の取引を参照すると、企業資本に変化を及ぼすものに2つのものがあります。1つは、オーナー（この場合には岩崎功さんです）からの出資額を受け入れることです。これは4月1日の例で、資産（現金）の増加と純資産（資本金）の増加として貸借対照表に記載しました。

　もう一つは、企業が煎餅販売という営業活動で稼いだ利益でも資本がふえます。利益の発生は、純資産（資本）項目の「**純利益**」として計上したものです。個人企業の場合には、純利益は最終的に資本金の増加に振り替えることになります。なお、株式会社の場合には、純資産の部における利益剰余金の「繰越利益剰余金」に振り替えることになります。

　4月1日から4月11日までの取引ごとに、純資産（資本）の部の変化を図表6－1に表しています。この表によると、純利益の合計は 150,000 円です。

図表6－1　純資産（資本）の変化と純利益の計上

日付		取引の内容	資本金の増加	純利益の計上	純資産（資本）への変化
4	1	元入れ	100,000		
	2	金銭の借り入れ			なし
	3	備品の借り入れ			なし
	4	商品の仕入			なし
	5	商品の販売		70,000	
	6	商品の仕入			なし
	7	商品の販売		50,000	
	8	商品の販売		30,000	
	9	買掛金の支払			なし
	10	備品の購入			なし
	11	売掛金の回収			なし
		合　計	100,000	150,000	

　通常、企業の情報で最も重要なのは、利益の額と、どのように発生したかの原因を明確にすることです。これを一覧表にしたものが、一定期間（一定時点ではありません）の**損益計算書**という会計報告書です。しかし、4月1日から11日までの純利益だけでは、いくらで購入した商品（これを**売上原価**という費用といいます）をいくらで販売したか（これを**売上高**という収益といいます）が明らかになっていません。この両者の差額が純利益となっています。したがって、収益は資産から負債を差し引いた純資産（資本）の増加（資本金関係の増加を除く）をもたらすものであり、費用は純資産（資本）の減少（資本金関係の減少を除く）減少をもたらすものと考えられます。その純資産の差額が純利益です。

　4月5日に、80,000円の商品を150,000円で販売したのですから、売上原価という費用が80,000円発生し、150,000という売上高という収益が発生したことになります。同様に、4月7日と8日からまとめると図表6－2のようになります。

図表6－2　利益の内訳表　　　　　　　　　（単位：円）

日付		収益（売上高）	費用（売上原価）
4	5	150,000	80,000
	7	150,000	100,000
	8	80,000	50,000
	（合計）	380,000	（合計）230,000

　次のように損益計算書を作成することができます。その表題には「損益計算書」、対象期間（この例では「4月1日から4月11日まで」です）を記載します。損益計算書は、ある期間の収益と費用とその差額、つまり当期純利益を表したものです。

損　益　計　算　書

岩崎煎餅店	4月1日から4月11日まで	単位：円
収　　　益	（売 上 高）	380,000
費　　　用	（売上原価）	230,000
当期純利益		150,000

　売上高と売上原価の詳しい説明とそれ以外の収益や費用については、第 8 章以降で説明することになります。

3．「貸借対照表」と「損益計算書」との関係を考える

（1）ストック（貸借対照表）とフロー（損益計算書）

　貸借対照表と損益計算書の 2 つの財務諸表は、風呂場における浴槽におけるストックとフローの関係でみることができます。浴槽に水を入れたり（流入）抜いたりする（流出）量はフローであり、浴槽にたまっている水の量はストックです。ストックとフローには、密接な関係があります。たとえば浴槽に入れる水の量（フロー）が増えると浴槽の水の量（ストック）も増えます。

　まさしく、損益計算書は**フロー**であり、流入量が**収益**であり、流出量が**費用**と捉えることができます。また、貸借対照表は資産・負債および純資産（資本）の有り高を示す**ストック**を表しています。この両者の直接的な関係は、損益計算書に計上された利益は、同時に貸借対照表の純資産（資本）も増えるということです。

（2）利益の計算方法

　利益の計算方法には、財産法と損益法という 2 つがあり、それぞれの当期純利益は必ず一致します。

①　財産法

　財産法は、期末現在の純資産（期末純資産または期首資本）から期首現在の純資産（期首純資産または期首資本）を差し引いて利益を求める方法で、貸借対照表における純利益の計上方法となります。

　　期末純資産（期末資本）－期首純資産（期首資本）
　　　　　　　　　　　　　＝当期純利益（マイナスは純損失）
　　　期末純資産（期末資本）＝期末資産－期末負債
　　　期首純資産（期首資本）＝期首資産－期首負債

　たとえば、岩崎煎餅店の場合、4 月 11 日現在の期末純資産（期末資本）は、期末資産 480,000 円から期末負債 130,000 円を差し引いた差額 250,000 円となります。期首純資産（期首資本）は、4 月 1 日現在の資本金の金額 100,000 円です。したがって、純利益は期末純資産（期末資本）250,000 円から期首純資産（期首資本）100,000 円を差し引いた差額 150,000 円となります。

　　・期末純資産の計算
　　　　期末資産 480,000 円－期末負債 130,000 円＝期末純資産 250,000 円
　　・期首純資産の計算
　　　　期末資産 100,000 円－期末負債 0 円＝期末純資産 100,000 円
　　・当期純利益の計算
　　　　期末純資産 250,000 円－期首純資産 100,000＝当期純利益 150,000 円

なお、期首純資産（期首資本）100,000円に純利益150,000円を加えたものが期末純資産（期末資本）となり、4月11日現在における貸借対照表の純資産（資本）の部では、資本金100,000円と当期純利益150,000円として記載されることになるのです。

　・期末純資産250,000円＝期首純資産100,000円＋当期純利益150,000円

　なお、期中の追加元入れや引出があるときには、直接的な純資産（資本）の増加であり、損益に結びつく増減ではないので、期末純資産（期末資本）を修正して、次のように求めます。

> **期末純資産（期末資本）＋期中引出高－期中追加元入高**
> **　　　　　－期首純資産（期首資本）＝ 当期純利益（マイナスは純損失）**

②　損益法

　損益法は、期間収益から期間費用を差し引いて求める方法で、損益計算書に結びつく計算方法です。

> **期間収益－期間費用＝当期純利益 （マイナスは当期純損失です）**

　岩崎煎餅店の例では、期間収益380,000円と期間費用230,000円ですから、当期純利益は期間収益380,000円と期間費用230,000円を差し引いた差額150,000円となります。

　・　期間収益320,000円－期間費用230,000円＝当期純利益150,000円

第8章　会計記録と会計システムを学ぶ

> **この章の構成は次のとおり**
> 1.「勘定」を考える　2.「勘定記入のルール」を考える
> 3.「繰越試算表」と「損益」勘定を考える　4.「総勘定元帳」と「仕訳帳」を考える
> 5.「正規の簿記」の原則を考える　6.「コンピュータ会計」を考える

1.「勘定」を考える

　企業の資産、負債、純資産（資本）の金額は、日々増減変化をしています。その結果として、貸借対照表の資産・負債・純資産（資本）の記載金額も、当然、変化することになります。実際の企業取引は、膨大であり、第6章のように、そのつど貸借対照表の科目や金額の増減による修正は事実上困難です。このため、貸借対照表の科目や金額の修正をする変わりに下の例で示した**勘定**を用いて、そこに記入することで修正を終わらせることができます。なお、貸借対照表での現金・売掛金・商品などの資産の期首残高がある場合には、左側1行目に「前期繰越」として記入します。また、買掛金・借入金などの負債や資本金などの純資産（資本）の期首残高は、右側1行目に「前期繰越」として記入します。

	現　　金				買　　掛　　金	
前期繰越	35,000				前期繰越	15,000
	売　　掛　　金				借　　入　　金	
前期繰越	10,000				前期繰越	5,000
	商　　品				資　　本　　金	
前期繰越	15,000				前期繰越	40,000

　なお、上の勘定記入例でも、各勘定の左側合計と右側合計が一致するという**貸借平均の原理**が、次の計算式でわかるように必ず成り立っているのです。
　　資産合計　35,000 円+10,000 円+15,000 円=60,000 円
　　負債・純資産（資本）合計 15,000 円+5,000 円+40,000 円=60,000 円
　　資産合計 60,000 円＝負債・純資産合計 60,000 円

2．「勘定記入」のルールを考える

（1）貸借対照表項目の勘定記入ルール

　貸借対照表項目の勘定記入ルールは、非常に簡単です。貸借対照表で左側に記入された項目の増加、つまり**資産の増加**はそのまま左側に記入します。したがって、**資産の減少**は右側に記入することになります。貸借対照表の右側に記入された項目の増加、つまり**負債の増加**と**資本の増加**はそのまま右側に記入し、**負債の減少と純資産（資本）の減少**は、左側に記入することになります。別の見方をすると、期首残高の記入側に「増加」を、反対側に「減少」を記入することになります。

- 現金・売掛金・商品などの資産の増加は左側に、減少は右側に記入します。
- 買掛金・借入金などの負債の増加は右側に、減少は左側に記入します。
- 資本金などの純資産（資本）の増加は右側に、減少は左側に記入します。

資　　　産		負　　　債	
前期繰越　　　　××× （増　　加）	（減　　少）	（減　　少）	前期繰越　　　　××× （増　　加）
		純資産（資本）	
		（減　　少）	前期繰越　　　　××× （増　　加）

　次に岩崎煎餅店の5月1日から8日までの1週間の取引例を使って勘定に記入してみましょう。55ページの勘定記入面に示したように、どこかの勘定の左側に記入したら、同じ金額でどこかの勘定の右側に必ず記入されていることがわかります。ここでも、**貸借平均の原理**が働いています。

（取　引）

1．	現金 10,000 円を銀行から借り入れた。
2．	商品 20,000 円を掛で購入した。
3．	売掛金 5,000 円を現金で受取った。
4．	買掛金 15,000 円を現金で支払った。

（2）借方と貸方

　会計用語では、既に明らかにしたように勘定の左側を**借方**、右側は**貸方**といいます。当然、勘定式の貸借対照表における左側の資産側を借方、右側の負債側と純資産（資本）側を貸方ともいいます。なお、借方と貸方は、会計実務の慣習において、単純に左側と右側とを区別するという意味で広く使われたものと思ってください。

　このように考えると、「現金の増加は左側に、減少を右側に記入する」という代わりに「現金の増加は**借方**に、減少は**貸方**に記入する」といいます。前述の左（借方）側と右（貸方）側のルールを置き換えると次のようになります。

- 資産の増加は、借方に記入し、資産の減少は、貸方に記入します。
- 負債の増加は、貸方に記入し、負債の減少は、借方に記入します。

・　純資産（資本）の増加は、貸方に記入し、純資産（資本）の減少は、借方に記入します。

（３）損益計算書項目の勘定記入ルール

　第6章において学んだように損益計算書で報告するのは、一会計期間の収益と費用、その差額である純利益です。また、**収益**は純資産（資本）の増加として、**費用**は純資産（資本）の減少として考えます。

　純資産（資本）の増加である**収益の発生**（一般に「増加」を使わず、「発生」を使います）は、貸方（右側）に記入することになります。同様に、純資産（資本）の減少である費用の発生は、借方（左側）に記入することになります。

・　収益の発生は、貸方に記入する。
・　費用の発生は、借方に記入する。

収　　　益		費　　　用	
（消　滅）	発　　生	発　　生	（消　滅）

　下記の岩崎煎餅店の取引例5では、収益としての「売上（高）」勘定と、費用として「売上原価」勘定のみの説明をします。それ以外の収益や費用は、このあとの第9章から第11章で学びます。

（前述の取引の続き）

> 5．購入したとき20,000円（これを購入原価といいます）の商品を35,000円で販売し、代金は売掛金とした。

　この取引5は、「売上」という収益の発生なので、**売上勘定**の貸方と、その代金は売掛金勘定の借方に記入します。また、その購入原価は、商品勘定勘定を減少させるとともに、「売上原価」という費用を発生させるので、**売上原価勘定**の借方と商品勘定の貸方に記入します。

　さて、岩崎煎餅店の5月1日から8日までの1週間における取引1から5の転記後の各勘定は次のようになります。

現　　　金				買　　　掛　　　金			
前期繰越	35,000	（4）	15,000	（4）	15,000	前期繰越	15,000
（1）	10,000					（2）	20,000
（3）	5,000						

売　　　掛　　　金				借　　　入　　　金			
前期繰越	10,000	（3）	5,000			前期繰越	5,000
（5）	35,000					（1）	10,000

商　　　品				資　　　本　　　金			
前期繰越	15,000	（5）	20,000			前期繰越	40,000
（2）	20,000						

売　上　原　価				売　　　上			
（5）	20,000					（5）	35,000

（4）試算表と決算振替取引

　5月8日時点で、この転記が正しく行われたかを検証するために、**試算表**が作成されます。試算表の合計が一致していれば、原則として正しく転記が成されたと判断します。試算表には、各勘定の借方と貸方の合計金額を一覧表にした**合計試算表**、各勘定の残高金額を一覧表にした**残高試算表**、上記2つを一覧表にした**合計残高試算表**の3つがあります。この試算表も貸借平均の原理を利用したものです。つぎに、岩崎煎餅店の合計残高試算表を作成しました。合計試算表も残高試算表もいずれも合計額が一致しているので、転記は正しく行われたといえます。でも、転記の金額は間違えてはいないけれど、転記すべき勘定科目を間違えたり、借方と貸方に同時に転記を忘れたときなどでは、試算表では転記ミスを発見できません。

合 計 残 高 試 算 表
5月8日現在

借方残高	借方合計	勘定科目	借方合計	貸方合計
35,000	50,000	現　　　　　金	15,000	
40,000	45,000	売　掛　　金	5,000	
15,000	35,000	商　　　　　品	20,000	
	15,000	買　掛　　金	35,000	20,000
		借　入　　金	15,000	15,000
		資　本　　金	40,000	40,000
		売　　　　　上	35,000	35,000
20,000	20,000	売　上　原　価		
110,000	165,000		165,000	110,000

　ところで、収益勘定と費用勘定は発生したつど、直接、純資産（資本）勘定に増減させることはありません。期末時点で、収益勘定と費用勘定は、いったん純損益を計算するために設けられた**損益勘定**に集められて、その差額が純利益の場合には、純資産（資本）の増加として貸方に記入し、純損失の場合には純資産（資本）の減少として借方に記入します。この一連のプロセスを**決算振替取引**（下記の例（6）から（8）までの取引）といい、会計期間の最終日（これを**決算日**といいます）に行います。

	売　上　原　価					売　　　　　上		
（5）	20,000	（7）	20,000		（6）	35000	（5）	35,000
	損　　　　　益					資　本　　金		
（7）	20,000	（6）	35,000				前期繰越	40,000
（8）	15,000						（8）	15,000

　なお、上記の（6）の記入は、収益（売上）勘定を損益勘定の貸方へ振り替えたもので、（7）の記入は、費用（売上原価勘定）を損益勘定の借方へ振り替えたものです。最後の（8）の記入は、損益勘定で純利益が計算されたので、その金額を損益勘定から資本金勘定の貸方に増加として記入したものです。

3.「繰越試算表」と「損益勘定」を考える

（1）繰越試算表と貸借対照表

　会計期間の最終日（決算日）には、資産・負債および資本の**繰越記入**を行い、繰越金額の正否を確かめるために**繰越試算表**を作成します。この繰越試算表をもとに、一般に**貸借対照表**が作成されます。繰越記入は、各勘定の貸借差額を「次期繰越」と記入することで、借方合計と貸方合計を一致させ、各勘定の締め切りが行われます。同時に、勘定締切後に、次期繰越の反対側の1行目に「前期繰越」の開始記入を行います。この開始記入の金額を集めたものが繰越試算表です。岩崎煎餅店の各勘定の締切記入と開始記入を次に示しました。

	現	金			買	掛	金	
前期繰越	35,000	（4）	15,000	（4）	15,000	前期繰越	15,000
（1）	10,000	次期繰越	35,000	次期繰越	20,000	（2）	20,000
（3）	5,000				35,000		35,000
	50,000		50,000			前期繰越	20,000
前期繰越	35,000						

	売	掛	金		借	入	金	
前期繰越	10,000	（3）	5,000	次期繰越	15,000	前期繰越	5,000
（5）	35,000	次期繰越	40,000			（1）	10,000
	45,000		45,000		15,000		15,000
前期繰越	40,000					前期繰越	15,000

	商	品			資	本	金	
前期繰越	15,000	（5）	20,000	次期繰越	55,000	前期繰越	40,000
（2）	20,000	次期繰越	15,000			（8）	15,000
	35,000		35,000		55,000		55,000
前期繰越	15,000					前期繰越	55,000

　なお、資本金 55,000 円は期末純資産（期末資本）なので、貸借対照表作成に当っては期首純資産（期首資本）の「資本金」40,000 円と「当期純利益」15,000 円として2つに区分して記載しなくてはなりません。

	繰 越 試 算 表		
	5月8日現在		
借　　方	勘 定 科 目	貸　　方
---	---	---
35,000	現　　　　　金	
40,000	売　　掛　　金	
15,000	商　　　　　品	
	買　　掛　　金	20000
	借　　入　　金	15,000
	資　　本　　金	55,000
90,000		90,000

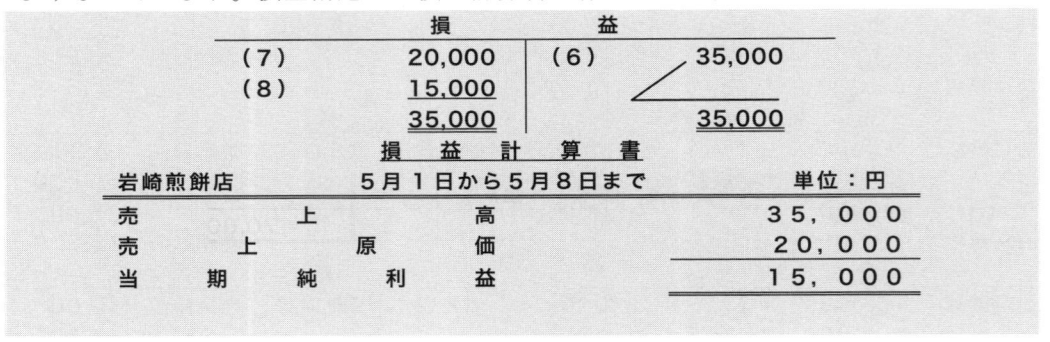

貸　借　対　照　表

岩崎煎餅店　　　　　　　　　　　　　5月8日現在　　　　　　　　　　　　　　単位：円

資　　産	金　　額	負債及び資本	金　　額
現　　　　　金	35,000	買　　　掛　　　金	20000
売　　掛　　金	40,000	借　　　入　　　金	15,000
商　　　　　品	15,000	資　　　本　　　金	40,000
		当　期　純　利　益	15,000
	90,000		90,000

（2）損益勘定と損益計算書

　損益計算書は、損益勘定から作成されます。上記の例示をもとに、損益勘定の記入は次のようなっています。損益勘定から損益計算書を作成します。

損　　益

（7）	20,000	（6）	35,000
（8）	15,000		
	35,000		35,000

損　益　計　算　書

岩崎煎餅店　　　　　　　5月1日から5月8日まで　　　　　　　単位：円

売　　　　上　　　　高	35,000
売　　上　　原　　価	20,000
当　期　純　利　益	15,000

４．「総勘定元帳」と「仕訳帳」を考える

　資産・負債・資本・収益・費用の各勘定を総称して、**元帳**といい、それを帳簿として記録すると**総勘定元帳**といいます。いろいろな取引が発生すると、元帳に、直接、記録されるわけではありません。最初に取引を、借方要素と貸方要素に区別して記録します。これを**仕訳**といい、正式には**仕訳帳**という帳簿に記録することになります。

　仕訳帳に記入された仕訳は、勘定ごとに記録する総勘定元帳へ移し変えることになります。この手続を**転記**といいます。総勘定元帳への転記は、1取引で借方と貸方で最低1つの勘定を用いるので、最低2回は必ず行われます。

　次ページに図表7－1として、取引例1から5までの期中取引と6から7までの決算振替取引を記入した場合の仕訳帳を示してあります。ただし、日付欄には取引番号を記入しています。

図表7－1　仕訳帳の記入例

仕　訳　帳

日付	摘　　　　　要	元丁	借　　方	貸　　方
1	（現　　　　　金）		10,000	
	（借　　入　　金）			10,000
2	（商　　　　　品）		20,000	
	（買　　掛　　金）			20,000
3	（現　　　　　金）		5,000	
	（売　　掛　　金）			5,000
4	（買　　掛　　金）		15,000	
	（現　　　　　金）			15,000
5	（売　　掛　　金）		35,000	
	（売　　　　　上）			35,000
〃	（売　上　原　価）		20,000	
	（商　　　　　品）			20,000
			105,000	105,000
	決算整理仕訳			
6	（売　　　　　上）		35,000	
	（損　　　　　益）			35,000
7	（損　　　　　益）		20,000	
	（売　上　原　価）			20,000
8	（損　　　　　益）		15,000	
	（資　　本　　金）			15,000
			70,000	70,000

５．「正規の簿記」の原則について考える

> 正規の簿記の原則は、一般原則第2に「企業会計は、すべての取引につき、正規の簿記の原則に従い、正確な会計帳簿を作成しなければならない」と規定されている。

　正規の簿記の原則は、すべての取引をもれなく正確に記録し、正確な会計帳簿を作成することを要請する記録原則である。この原則は、真実性の原則を特に記録面から保証する役割を担っています。

　正規の簿記の要件としては、①すべての取引を完全・網羅的に記録するという「記録の**網羅性**」、②すべての取引は領収書や納品書などの検証可能な客観的証拠に基づき記録するという「記録の**立証性**（または**検証性**）」、③すべての取引は、組織的に秩序正しく記録されるという「記録の**秩序性**」の3つがあります。本書で学ぶ会計記録や処理をして、貸借対照表や損益計算書を作成していますが、これらは「正規の簿記」の3つの要件をすべて満たしている**複式簿記**により作成されています。

6.「コンピュータ会計」について考える

　本章での会計システムは、「取引」の発生→①「仕訳帳」へ記入→②「総勘定元帳」への転記→③「決算整理」手続き→④「財務諸表」の作成、という一連の流れを**手作業**により行われることが前提となっています。この他にも、ここではこれ以上ふれませんが、補助簿（現金出納帳・当座預金出納帳・仕入帳・売上帳などのように日付順に記入する補助記入帳や商品有高帳・得意先（売掛金）元帳・仕入先（買掛金）元帳など商品種類別や取引先別に記帳する補助元帳）などの手作業による記入もあります。

　取引の少ない企業では、手作業によることも可能ですが、膨大な取引を抱える企業では、事実上不可能となります。ほとんどの企業は、仕訳帳への記帳から財務諸表作成に至るまで、さらに補助簿の記入までコンピュータを使用して処理を任せています。このようにコンピュータを利用して、一連の会計処理等を行わせることを、**コンピュータ会計**といいます。ほとんどの企業では、会計処理等には、ソフト開発業者により開発された**会計処理ソフト**を利用しています。もちろん自前で開発したものを利用することもあります。

　会計処理ソフトを使用することで、手作業よるときよりも、会計担当者によるコンピュータへのいろいろな指示に間違いがない限り、正確に、迅速に会計処理を行うことができます。また、一度、コンピュータに入力されたデータは、経営分析や経営管理などの目的のために、いつでも、必要なときに加工して利用することができるということです。ここで、重要なことは、会計担当者によるコンピュータへのいろいろな指示が正確になされていることが大前提となります。

第9章 「損益計算書」の構成と「収益」を学ぶ

1．「損益計算書」を考える

【損益計算書】

区分	注記番号	前事業年度 （自平成17年4月1日 至平成18年3月31日）		当事業年度 （自平成18年4月1日 至平成19年3月31日）	
		金額（百万円）	百分比(%)	金額（百万円）	百分比(%)
Ⅰ　売上高		2,283,109	100.0	2,595,470	100.0
Ⅱ　売上原価		1,896,119	83.1	2,154,562	83.0
売上総利益		386,990	16.9	440,907	17.0
Ⅲ　販売費及び一般管理費		254,516	11.1	297,198	11.5
営業利益		132,474	5.8	143,708	5.5
Ⅳ　営業外収益		58,848	2.6	34,668	1.4
Ⅴ　営業外費用		54,209	2.4	31,232	1.2
経常利益		137,114	6.0	147,144	5.7
Ⅳ　特別利益		31	－	1,624	0.1
Ⅴ　特別損失		12,031	0.5	13,940	0.6
税引前当期純利益		125,114	5.5	134,828	5.2
法人税、住民税 　　及び事業税など		41,160	1.8	42,020	1.6
当期純利益		83,954 ：	3.7	92,808 ：	3.6

損益計算書は、企業の一定期間の経営成績（どのくらい儲かっているか）を明らかにするために作成されます。これには、すべての収益とこれに対応するすべての費用と、その差額である純利益または純損失を記載することになります。

損益計算書には、その記載内容の違いにより、その期間の正常な状態での損益の表示を

目的とする**当期業績主義**とするか、その期間の処分可能利益の表示を目的とする**包括主義**とするか、に分けることができます。わが国の損益計算書では、両方の目的を取り入れた売上高、売上原価、販売費及び一般管理費、営業外損益、特別損益などにその内容を区分するとともに、その結果としての売上総利益、営業利益、経常利益、当期純利益など各種利益を表示する**区分式損益計算書**となっています。

2.「会計期間」を考える

	注記番号	前事業年度 （自平成17年4月1日 至平成18年3月31日）		当事業年度 （自平成18年4月1日 至平成19年3月31日）	
区分		金額（百万円）	百分比 (%)	金額（百万円）	百分比 (%)

　損益計算書で記載される収益、費用、および利益などは、**会計期間**と呼ばれる一定期間に発生したものです。外部公表用の会計期間は、「**会計年度**」と呼ばれる1年間です。この会計期間は、会社が独自に決めることができます。

　なお、会計期間には、外部公表用として1年間より短い半年間を会計期間とした**中間財務諸表**もあります。また、内部管理目的での3ヵ月を対象とした**四半期別計算書**や、製造業では、その製品原価の計算を目的とした1ヵ月（これを**原価計算期間**という）を計算対象とした**原価計算表**もあります。

　ある会計期間は、前の会計期間から引き継ぎ、さらに次の会計期間へと企業活動は続きます。まさしく**継続企業の公準**が**会計期間の公準**といわれるゆえんとなります。ある期間を**当期**または**当年度**といいます。このとき、前の会計期間を**前期**または**前年度**、次の会計期間を**次期**または**次年度**といいます。

3．損益計算書の「構成」を考える

　損益計算書には、T勘定の右側（借方）に費用を、左側（貸方）に収益を記載する**勘定式**と、上下に後述する区分を**報告式**の2つがありますが、一般的には本書で用いている報告式によるのが一般的です。

　また、損益計算書では、前述したように、売上高、売上原価、販売費及び一般管理費、営業外損益、特別損益などにその内容を区分するとともに、その結果としての売上総利益、営業利益、経常利益及び当期純利益など各種利益を表示する**区分式**が採用されています。これは、貸借対照表同様に明瞭表示を要請する一般原則第4の**明瞭性の原則**と、損益計算書原則における**区分表示の原則**の適用と考えます。

　企業会計原則の損益計算書原則に基づく損益計算書では、**営業損益計算**、**経常損益計算**

および**純損益計算**に分けて区分表示することになっています。

（1）営業損益計算

①　売上総利益の計算

区分	注記番号	前事業年度 （自平成 17 年 4 月 1 日 至平成 18 年 3 月 31 日）		前事業年度 百分比 (%)	当事業年度 （自平成 18 年 4 月 1 日 至平成 19 年 3 月 31 日）		当事業年度 百分比 (%)
		金額（百万円）		百分比 (%)	金額（百万円）		百分比 (%)
Ⅰ　売上高			2,283,109	100.0		2,595,470	100.0
Ⅱ　売上原価							
1 製品期首たな卸高		41,894			36,132		
2 当期製品製造原価		1,000,613			1,096,075		
3 当期外注製品仕入高		896,088			1,071,221		
4 他勘定振替高		△6,345			△3,871		
合計		1,932,251			2,199,558		
5 製品期末たな卸高		36,132	1,896,119	83.1	44,995	2,154,562	83.0
売上総利益			386,990	16.9		440,907	17.0
Ⅲ　販売費及び一般管理費			254,516	11.1		297,198	11.5
営業利益			132,474	5.8		143,708	5.5

　企業会計原則における**営業損益計算**では、商品売買業などの主たる営業活動の損益状況をみるために「売上高」から「売上原価」を差し引き「売上総利益（マイナスは損失）」を求めます。**売上総利益**は、当期における商品や製品の販売によって得られる純成果で、**粗利益**ともいわれます。商品売買業では、商品の仕入と販売の純成果を、製造業では材料等の購入等を含む製品の製造と販売の純成果をそれぞれ示しています。

②　営業利益の計算

区分	注記番号	前事業年度 （自平成 17 年 4 月 1 日 至平成 18 年 3 月 31 日）	前事業年度 百分比 (%)	当事業年度 （自平成 18 年 4 月 1 日 至平成 19 年 3 月 31 日）	当事業年度 百分比 (%)
		金額（百万円）	百分比 (%)	金額（百万円）	百分比 (%)
：		：		：	
売上総利益		386,990	16.9	440,907	17.0
Ⅲ　販売費及び一般管理費	※	254,516	11.1	297,198	11.5
営業利益		132,474	5.8	143,708	5.5

<注記事項：販売費及び一般管理費の内訳>

前事業年度 （自平成 17 年 4 月 1 日 至平成 18 年 3 月 31 日在）	当事業年度 （自平成 18 年 4 月 1 日 至平成 19 年 3 月 31 日）
：	：
※販売費及び一般管理費	※販売費及び一般管理費
イ　主要な費目の内訳	イ　主要な費目の内訳
広告宣伝費　　　　　　　　29,759	広告宣伝費　　　　　　　　42,111
特許権使用料　　　　　　　37,962	特許権使用料　　　　　　　55,925
委託サービス代行料　　　　16,661	委託サービス代行料　　　　17,229
製品保証引当金繰入額　　　 3,890	（うち製品保証引当金繰入額）（4,360）
従業員給料及び諸手当　　　39,073	従業員給料及び諸手当　　　39,949
（うち賞与引当金繰入額）　（5,168）	（うち賞与引当金繰入額）　（5,297）
退職給付費用　　　　　　　 4,249	退職給付費用　　　　　　　 2,457
減価償却費　　　　　　　　 6,956	業務委託料　　　　　　　　15,219
研究開発費　　　　　　　　49,626	減価償却費　　　　　　　　 6,842
（うち賞与引当金繰入額）　（3,600）	研究開発費　　　　　　　　48,961
	（うち賞与引当金繰入額）　（2,417）
ロ　販売費、一般管理費のおおよその割合	ロ　販売費、一般管理費のおおよその割合
販売費 69%	販売費 73%
一般管理費 31%	一般管理費 27%

　「**営業利益（マイナスは損失）**」は、売上総利益（マイナスは売上総損失）から「**販売費及び一般管理費**」を差し引き求めます。営業利益は、主たる営業活動から生じた企業本来の純成果をあらわす「**本業のもうけ**」を示しています。

　販売費及び一般管理費は、会社の販売および一般管理業務に関して発生した費用で、適当と認められる費目に分類し、その適当な名称を付した科目をもって個別に記載します。また、シャープ（株）の例のように、販売費及び一般管理費として一括して記載し、その内訳を注記でもって記載してもよいことになっています。

（2）経常損益計算

区分	注記番号	前事業年度 （自平成 17 年 4 月 1 日 至平成 18 年 3 月 31 日） 金額（百万円）	百分比 （%）	当事業年度 （自平成 18 年 4 月 1 日 至平成 19 年 3 月 31 日） 金額（百万円）	百分比 （%）
：		：		：	
営業利益		132,474	5.8	143,708	5.5
IV　営業外収益		58,848	2.6	34,668	1.4
V　営業外費用		54,209	2.4	31,232	1.2
経常利益		137,114	6.0	147,144	5.7

　経常損益計算は、営業活動以外の活動で、経常的に発生する損益を計算するためです。この活動には、支払利息、受取利息や有価証券売却損益などの財務活動で発生するものが該当します。

　経常損益計算では、営業利益に財務活動の成果である「**営業外収益**」を加算（プラス）

し、さらに「**営業外費用**」を減算（マイナス）させ「**経常利益（マイナスは損失）**」を求めます。この経常利益は、一会計期間における企業の経常的な生産活動・販売活動・財務活動の全体から得られる純成果であり、企業の全体業績（経営成績）を表しています。

（3）純損益計算と法人税等

区分	注記番号	前事業年度 （自平成17年4月1日 至平成18年3月31日）		当事業年度 （自平成18年4月1日 至平成19年3月31日）	
		金額（百万円）	百分比(%)	金額（百万円）	百分比(%)
：		：		：	
経常利益		137,114	6.0	147,144	5.7
Ⅵ 特別利益		31	－	1,624	0.1
Ⅶ 特別損失		12,031	0.5	13,940	0.6
税引前当期純利益		125,114	5.5	134,828	5.2
法人税、住民税及び事業税		40,960		34,370	
法人税等調整額		200	41,160	1.8	7,650	42,020	1.6
当期純利益		83,954	3.7	92,808	3.6
：		：		：	

　純損益計算は、経常利益に「**特別利益**」を加算（プラス）し、「**特別損失**」を減算（マイナス）して「**税引前当期純利益（マイナスは損失）**」を求めます。特別損益は、固定資産売却損益などように当期の経常活動以外の活動において臨時（または特別）的に発生した損益のことです。したがって税引前当期純利益は、一会計期間に臨時的に発生したものを含む当期に発生した処分可能な利益額を意味し、企業全体の活動から得られた純成果をあらわしています。

　税引前当期純利益をもとに、「**法人税・住民税および事業税**」（これを一般的に「**法人税等**」という）を計算し、支払うことになります。また、法人税等には、追徴税額や還付税額のほかに、税効果会計の適用による税金調整額を計算し、それを「**法人税等調整額**」として加減し、最終的に「**当期純利益（マイナスは損失）**」を求めることになります。

（4）未処分利益計算と株主資本等変動計算書

　以前（旧商法計算規則など）の損益計算書には、最終段階として「**未処分利益計算**」があり「**未処分利益**」を求めることになっていました。未処分利益計算では、当期純利益に、前期に処分されなかった前期繰越利益・特定目的に従った任意積立金取崩額・利益準備金の限度超過の取崩額などを加え、自己株式処分差損・自己株式償却額・会計期間の中間に配当を行ったときの中間配当額・中間配当にともなう利益準備金積立額などを差し引き「**当期未処分利益(マイナスは当期未処理損失)**」を損益計算書に表示することになっていました。また、当期未処分利益（当期未処理損失）は、定時株主総会おいて処分（処理）され、その処分（処理）結果を「**利益処分（損失処理）計算書**」として公表することになっていました。

　会社計算規則などの新規定により、「**株主資本等変動計算書**」を作成し、この未処分利益

計算の部分と「利益処分計算書」をまとめて記載することになりました。したがって未処分利益計算の記載とともに「利益処分計算書」も廃止されました。

　なお、シャープ（株）における廃止前（旧規定）の「利益処分計算書」と新規定による「株主資本等変動計算書」については、添付資料を参照してください。

４．収益・費用の「認識基準」を考える

　収益や費用がどの期間の損益計算書に計上するかを決定することは、正しい損益計算書を作成する上で重要なことです。この決定のための基準を**収益・費用の認識基準**といい、それには、現金主義、発生主義および実現主義の３つがあります。

（１）現金主義
　現金主義とは、現金収入があった期の収益に、現金支出があった期の費用に計上する方法です。この方法は、確実に損益計算が行われますので、個人事業や小規模な企業では適当な方法といえます。しかし現在の経済社会のように企業規模が大きくなると、信用取引も多くなるにつれて財貨や役務の引渡時点と現金収支時点とのズレが大きくなり、さらに長期間利用する固定資産が多くなるとその購入時点で全額費用に計上することは、正しい期間損益の計算という観点において現金主義では対応しきれなくなりました。

（２）発生主義
　発生主義とは、ある期間の収益や費用は、現金の収支に関係なく経済的価値のある商品などの財貨やサービスなどの受け渡しまたは使用という事実が発生したときに計上する方法です。収益は、財貨の引渡や無形の財貨であるサービスの提供という事実が発生したときに、費用は、財貨の受入・消費やサービスの提供の受入という事実で計上することになります。今日の期間損益計算ではこの発生主義が前提となっています。

（３）実現主義
　実現主義とは、収益について、発生という事実で計上するときに不確実性が伴うことが多いので、さらに制限して厳密に実現したときに計上する方法です。この後の説明は６．「実現主義の原則と「売上高」を考える」のところで詳しく学びます。

５．「保守主義」の原則を考える

> **保守主義の原則とは、一般原則６に「企業の財政に不利な影響を及ぼす可能性がある場合には、これに備えて適当に健全な会計処理をしなければならない」と規定している。**

　保守主義の原則は、「**慎重性の原則**」、「**安全性の原則**」または「**健全性の原則**」ともよば

れている。これは、会計上古くからの言い伝えで「予想利益は確実になるまで計上してはいけないが、予想損失は早めに計上しなさい」というように、企業の将来の不確実性や危険性に備えるために、収益の計上を確実なものに限定し、費用の計上はできる限りは早く行うというものです。

　この保守主義の原則は、複数の会計処理の原則や手続きがある場合に、その選択を慎重におこなって相対的真実性を保証するための原則でもあります。そこで、保守主義の適用が過度になると真実性が損なわれることから、これを禁じています。

　保守主義の適用例としては、①棚卸資産の時価が原価よりも低くなったときに評価損を計上する**低価法**の採用、②物価上昇期の棚卸資産の評価としての**後入先出法**の採用（この方法は新会計基準で認められなくなりました）、③固定資産の早期に多額の減価償却費を計上する**定率法**の採用、④割賦販売の収益計上を商品引渡時ではなく、現金回収時または回収期限が到来したときに行う**割賦基準**または**回収期限到来基準**の採用、⑤早めに費用の見積計上する貸倒引当金などの各種**引当金の処理**などがあります。

6．「実現主義」の原則と「売上高」を考える

　実現主義の原則は、基本的には、確実に実現した収益のみを計上するということですが、逆に、実現前の収益である**未実現収益**を損益計算から排除することで、その結果としての**未実現利益**が排除されます。

　実現主義の原則の「**実現の要件**」には、①財貨やサービス（形のない財貨）の提供があることと、②その対価として客観的で確実な資産の受入があることの２つがあります。この原則の適用基準としては、財貨やサービスの販売が行われたときの「**販売基準**」があります。財貨やサービスの提供という「販売」には、客観的で確実な資産である**貨幣性資産**（現金預金、受取手形、売掛金などの資産をいいます）の受入と引き換えに、法律上の所有権の移転も伴っています。実現主義の原則で実現した収益は、**売上高**として表示されます。

（1）サービス（役務）提供による売上高
　商品や製品の一般売上高のほかにサービス（役務）提供による売上高（役務収益という場合もあります）があります。役務提供によるの通常の企業での売上高は役務完了日に計上する**役務完了基準**を、資金や不動産貸付業では役務収益発生時である**時間基準**を、不動産仲介斡旋業は契約発効日の**効力発生日基準**や所有権移転時の**所有権移転日基準**、などを採用します。

（2）特殊な販売形態による売上高
　次のような特殊な販売形態での収益の認識には、販売基準のほかにいろいろな認識基準が認められております。

　①商品等を**委託販売**するときの「**積送品売上**」は、原則として受託者が商品や製品を販売したときの**販売基準**ですが、受託者が作成した売上計算書が到達したときに計上してもよいことになっています（これを**売上計算書到達日基準**といいます）。

②商品等を試用品として試用販売したときの「試用品売上」は、その利用者が買取の意思を明らかにしたときに計上することになります（これを**買取意思表示基準**といいます）。

③商品等を**予約販売**したときの「**予約（品）売上**」は、予約金を受取ったときに収益を計上するのではなく、実際に商品等を引き渡したときに計上することになります（これを**販売基準**または**引渡基準**といいます）。

④商品等を**割賦販売**したときの「**割賦売上**」は、原則として販売基準ですが、割賦金の入金をもって計上してもよいことになっています（これを**回収基準**または**回収期限到来日基準**といいます）。

⑤完成までに数年要する**長期請負工事**のときの「工事収益」は、販売基準と同様に工事が完成したときに計上する**工事完成基準**のみならず、工事の進行の程度に応じて収益を計上することができる**工事進行基準**が認められています。

⑥米や麦のような**農産物**、金や銀などの**鉱産物**の「売上」は、政府等によりあらかじめ買取価額が決定しているときには、農産物の収穫完了時や鉱産物の生産完了時に計上することができます（これを**生産基準**といいます）。

7.「営業外収益」と「特別利益」を考える

区分	注記番号	前事業年度 （自平成17年4月1日 至平成18年3月31日）			当事業年度 （自平成18年4月1日 至平成19年3月31日）		
		金額（百万円）		百分比（%）	金額（百万円）		百分比（%）
：			：			：	
Ⅳ 営業外収益							
1 受取利息		3,478			3,955		
2 受取配当金		11,214			12,120		
3 固定資産賃借料		12,966			14,334		
4 特許料・技術指導料等収入		24,250			–		
5 その他		6,970	58,848	2.6	4,257	34,668	1.4
：			：			：	
Ⅵ 特別利益							
1 固定資産売却益		31			324		
2 投資有価証券売却益		0	31	–	1,299	1,624	0.1

売上高以外に損益計算書に記載する収益には、「営業外収益」と「特別利益」があります。**営業外収益**は、企業の主たる営業活動以外の活動で、主として資金運用活動からの収益です。これには貸付金や所有公社債などの有価証券からの利息である「受取利息」や「有価証券利息」、所有株式からの配当金の受取りによる「受取配当金」、売買目的有価証券の評価替えによる「有価証券評価益」、所有有価証券の売却による「有価証券売却益」、買掛代金の早期支払いによる減額分の「仕入割引」、その他の「雑益」などがあります。

特別利益には、過年度における計算の誤りによる「過年度修正益」や「貸倒引当金戻入」、過年度に償却処理した債権の回収額である「償却債権取立益」と臨時損益である固定資産

売却による「固定資産売却益」や投資有価証券売却による「投資有価証券売却益」などがあります。

８．収益の「繰延」と「見越」を考える

損益計算書の収益には、当期の会計期間に発生し実現したものを計上します。収益の記録（測定）は、原則として現金等の収入額で行うことになっています。これを**収入額基準**といいます。

次の事項を損益計算書に記載する収益の金額はどのようになるのでしょうか。

（１）当期の会計期間に次期に属する収益を現金等で受取ったとき

たとえば１年間の家賃12,000円を現金で受取ったとします。受取った時点で受取家賃12,000円として記録します。そのうち５ヵ月分5,000円が次期分だとすれば当期の損益計算書へは、12,000円から5,000円を差し引いた7,000円だけでいいはずです。このように、当期末からみると、次期の会計期間の収益5,000円を前受けしていることになります。この収益の前受分を**収益の繰延**といい、**前受収益**として貸借対照表の負債として計上すると同時に、収益から控除して、その差額を当期の収益として損益計算書に計上します。

（２）当期の会計期間に属する収益を次期に現金等で受取ることが明らかになっているとき

たとえば、６ヶ月後に利息6,000をまとめて現金で受取る約束の場合、当期に属する期間が２ヶ月で次期に属する期間が４ヶ月とします。この場合、２ヶ月分は、当期分ですから当期の利息である受取利息として損益計算書の収益として計上しなければなりません。一方、この代金は利息の前受けなので、**未収収益**として貸借対照表の資産に計上することになります。このような収益のことを**収益の見越**といいます。

上記の（１）や（２）の会計処理は決算日に行いますが、役務（サービス）の提供が、いずれも決算日をはさんだ契約期間であることが必要となります。

９．「営業債権（または売上債権）回転期間」を考える

【貸借対照表】

区分	注記番号	前事業年度 （平成18年3月31日現在）金額（百万円）	構成比（％）	当事業年度 （平成19年3月31日現在）金額（百万円）	構成比（％）
（資産の部） Ｉ　流動資産 　　： 　2　受取手形 　3　売掛金 　　：	 ※1	： 123 367,075 ：		： 44 450,451 ：	

区分	注記番号	前事業年度（自平成17年4月1日　至平成18年3月31日）		当事業年度（自平成18年4月1日　至平成19年3月31日）	
		金額（百万円）	百分比(%)	金額（百万円）	百分比(%)
Ⅰ　売上高		2,283,109	100.0	2,595,470	100.0

受取手形や売掛金などの営業債権（または売上債権）の平均的な回収期間をみるために営業債権（または売上債権）回転期間を計算します。

営業債権（売上債権）回転期間は、次の式のように営業債権を1日当たり売上高（売上高÷365）で割ることで計算されます。これは、会計期間末に営業債権が売上の何日分あるか、いいかえれば営業債権が発生してから回収するまでの**平均的回収期間**を表しています。これは短いほど望ましいことになります。なお、営業債権に貸倒引当金の金額が明らかなときには、貸倒引当金控除後の営業債権金額を使用して計算します。さらに、この回転期間は、受取手形回転期間と売掛金回転期間とに分けることもできます。

$$営業債権（売債権）回転期間 = \frac{営業債権}{売上高÷365^{※}} （日）$$

$$受取手形回転期間 = \frac{受取手形}{売上高÷365^{※}} （日）$$

$$売掛金回転期間 = \frac{売掛金}{売上高÷365^{※}} （日）$$

※分母の売上高を12か月で割ったものを使用すると回転月数が求まります。

シャープ（株）の営業債権（売上債権）回転期間は、次のとおりです（小数未満第2位四捨五入）。

比率名	前事業年度		当事業年度	
営業債権回転期間	$\frac{123+367,075}{2,283,10÷365}$	＝58.7日	$\frac{44+450,451}{2,595,470÷365}$	＝63.4日

営業債権回転期間は,前事業年度では約59日、当事業年度では約63日で回収していることが分かります。受取手形はほとんどないので,売掛金回収期間もほぼ同様となります。期間比較では、回収期間が4日間延びていることを示しています。

第10章 「費用」と「損益計算書」を学ぶ

1. 「費用収益対応」の原則を考える

費用収益対応の原則とは、その会計期間に発生した期間費用を、その同一期間に実現した期間収益に対応(または貢献)したものに限定するという原則です。この原則をもとに損益計算書を作成する際には、**費用収益対応表示の原則**となります。損益計算書に記載される費用および収益は、その発生源泉に従って明瞭に分類し、各収益項目とそれに関連する費用項目とを対応表示することを原則としています。これも**明瞭性の原則**における明瞭表示の適用例です。

（1）営業収益と営業費用との対応関係

区分	注記番号	前事業年度 （自平成17年4月1日 至平成18年3月31日）		当事業年度 （自平成18年4月1日 至平成19年3月31日在）	
		金額（百万円）	百分比(%)	金額（百万円）	百分比(%)
I　売上高		2,283,109	100.0	2,595,470	100.0
II　売上原価		1,896,119	83.1	2,154,562	83.0
売上総利益		386,990	16.9	440,907	17.0
III　販売費及び一般管理費		254,516	11.1	297,198	11.5
営業利益		132,474	5.8	143,708	5.5

営業収益である「売上高」と営業費用である「売上原価」には、**個別的・直接的な対応関係**があります。また、「売上高」と営業費用である「販売費及び一般管理費」には、**期間的・間接的な対応関係**があります。

損益計算書では、まず「売上高」に対して「売上原価」を対応表示させることで「売上総利益」が計算され、さらに「販売費及び一般管理費」を対応表示させることで、結果と

して「営業利益」が計算されます。

（２）営業外収益と営業外費用との対応(対置)関係

区分	注記番号	前事業年度 (自平成 17 年 4 月 1 日 至平成 18 年 3 月 31 日)		当事業年度 (自平成 18 年 4 月 1 日 至平成 19 年 3 月 31 日在)	
		金額(百万円)	百分比(%)	金額(百万円)	百分比(%)
IV　営業外収益		58,848	2.6	34,668	1.4
V　営業外費用		54,209	2.4	31,232	1.2

　営業外収益と営業外費用との関係には、営業収益と営業費用との関係に見られるような直接的・間接的対応関係はありません。そこでは、「営業外」という収益と費用の同質性に基づいているだけです。したがって対応関係というよりも**対置関係**といえます。

（３）特別利益と特別損失との対応（対置）関係

区分	注記番号	前事業年度 (自平成 17 年 4 月 1 日 至平成 18 年 3 月 31 日)		当事業年度 (自平成 18 年 4 月 1 日 至平成 19 年 3 月 31 日在)	
		金額(百万円)	百分比(%)	金額(百万円)	百分比(%)
IV　特別利益		31	－	1,624	0.1
V　特別損失		12,031	0.5	13,940	0.6

　特別利益と特別損失との関係には、営業外収益と営業外費用との関係と同様に、営業収益と営業費用との間に見られるような直接的・間接的対応関係はありません。そこでは、「期間外」という収益と費用の同質性に基づいているだけです。これも対応関係というよりも**対置関係**といえます。

２.「総額主義」の原則を考える

　損益計算書に記載する費用と収益は、原則として総額によって記載し、費用の項目と収益の項目を直接相殺することによってその全部または一部を除去してはなりません。これを**総額主義の原則**といいます。

　この原則の目的は、損益計算書には、利害関係者の判断を誤らせることがないように取引規模とその内容を明瞭に表示することです。たとえば、売上高から売上原価を相殺してその差額のみを売上総利益として、支払利息（費用）と受取利息（収益）とを相殺してその差額を支払利息や受取利息として、また、有価証券売却損（費用）と有価証券売却益

（収益）とを相殺してその差額のみを有価証券売却損や有価証券売却益として損益計算書に記載することを原則として禁止しています。

　シャープ(株)の例でいうと、当事業年度の受取利息は 3,955 百万円と支払利息は 1,339 百万円となっています。受取利息 3,955 百万円と支払利息 1,339 百万円との差額 2,616 百万円を受取利息として計上することは総額主義の原則に反することになります。

	注記番号	前事業年度 (自平成 17 年 4 月 1 日 至平成 18 年 3 月 31 日)		当事業年度 (自平成 18 年 4 月 1 日 至平成 19 年 3 月 31 在)	
区分	注記番号	金額(百万円)	百分比(%)	金額(百万円)	百分比(%)
⋮		⋮		⋮	
IV　営業外収益　1　受取利息		3,478		3,955	
⋮		⋮		⋮	
IV　営業外費用　1　支払利息		1,298		1,339	
⋮		⋮		⋮	

3．「重要性」の原則を考える

　たとえば、ボールペン、鉛筆、各種用紙類の消耗品は、企業にとって資産です。従業員が使うたびに資産価値が減少しているので、消耗品費という費用に計上しなければなりません。しかしながら、毎日それを把握することは、理論上では正しくても、実務上では困難であり、時間的にも無駄です。購入時に、消耗品費として費用計上する簡便法が採用されています。

　重要性の原則は、2 つの側面をもっています。まず、会計上**重要性の乏しいもの**は、本来の**厳密な方法**ではなく、**簡便的な方法**での会計処理や開示でもよいという原則です。逆に、会計上重要性の高いものは、必ず厳密な方法で会計処理と開示をしなければならないということです。ただし、その取引が会計上重要かどうかの判断は、記載される金額と科目について考えなければなりませんが、企業の業種や規模の大小によってもその判断が異なりますので、統一的な基準はありません。

　重要性の原則の適用例としては、次の 5 つをあげています。次の①から④までは会計処理に関する例で、⑤は表示に関する例です。

①消耗品、消耗工具、その他の貯蔵品などのうち、重要性の乏しいものについては、その購入時または払出時に費用として処理することができます。
②決算時前払費用（資産）、未収収益（資産）、未払費用（負債）および前受収益（負債）のうち、重要性の乏しいものについては、資産や負債として処理しないことです。すなわち、前払費用や前受収益は計上しないで、費用や収益のままで処理し、未収収益や未払費用は費用や収益にも、資産や負債にも処理しないことができます。

③引当金（負債）のうち、重要性の乏しいものについては、これを計上しないことができます。

④棚卸資産の購入時や保管時に支払われる引取費用、関税、買入事務費、移管費、保管費などの付随費用は、重要性の乏しいものについては、棚卸資産の取得原価に算入しないことができます。

⑤分割返済の定めのある長期の債権または債務が、その期限が1年未満になったときには、重要性が乏しいものについては、そのまま固定資産や固定負債として表示することができます。

①から④で、重要性の原則が適用されると、本来は厳密な会計処理で資産や負債として計上しなければならないものを資産や負債として計上しないのですから、計上しなくなった資産や負債は帳簿外となりますので、**簿外資産**または**簿外負債**といわれます。当然、簿外資産や簿外負債は、損益計算書の費用や収益に少なからず影響を及ぼすことになりますが、重要性が乏しいということでその影響はなかったものとみなされます。

4．「売上原価」と「販売費及び一般管理費」を考える

売上原価と販売費及び一般管理費は、営業収益である売上高となんらかの対応関係がある営業費用です。

（1）売上原価

売上原価とは、売上高を獲得するために直接要した商品や製品を販売したときのその原価のことをいいます。売上原価の計算は、商品売買業と製造業では若干異なります。損益計算書では、原則として売上原価の内訳を表示することになります。

① 商品売買業での売上原価

商品売買業では、売上のつど売上原価を求めることは取扱種類や取引規模が大きくなると煩雑になりかえって合理的ではありません。そこで、一般には、期首や期末現在の商品のみを扱う「繰越商品」勘定、期中の商品仕入やその値引きや返品を扱う「仕入」勘定および商品売上とその値引きや返品を扱う「売上」勘定の3つの勘定を使用して処理します。この方法を**3分法**といいます。

3分法による売上原価は、決算時に売上原価を計算で求める方法です。この方法では、必ず決算時における期末商品有高を実際に調査する必要があります。この調査を「**定期期末棚卸し**」といい期末商品棚卸高がもとめられます。この期末商品棚卸高を使用することで、次のように売上原価は計算され、その基本的な損益計算書は以下のとおりです。

売上原価＝期首商品棚卸高＋当期商品純仕入高－期末商品棚卸高

ここでの売上高と売上原価の関係は、個別的・直接的な対応というよりも、販売費及び一般管理費の対応と同様、期間的・間接的対応ということもできます。

```
Ⅰ．売　上　高　　　　　　　　　×××
Ⅱ．売　上　原　価
  1．期首商品棚卸高　　×××
  2．当期商品仕入高　＋)×××
        計　　　　　×××
  3．期末商品棚卸高　－)×××　　×××
    売上総利益　　　　　　　×××
```

② 　製造業での売上原価

区分	注記番号	前事業年度 (自平成 17 年 4 月 1 日 至平成 18 年 3 月 31 日)		百分比 (％)	当事業年度 (自平成 18 年 4 月 1 日 至平成 19 年 3 月 31 日在)		百分比 (％)
		金額(百万円)			金額(百万円)		
Ⅰ　売上高			2,283,109	100.0		2,595,470	100.0
Ⅱ　売上原価							
1製品期首たな卸高		41,894			36,132		
2当期製品製造原価		1,000,613			1,096,075		
3当期外注製品仕入高		896,088			1,071,221		
4他勘定振替高		△6,345			△3,871		
合計		1,932,251			2,199,558		
5製品期首たな卸高		36,132	1,896,119	83.1	44,995	2,154,562	83.0
売上総利益			386,990	16.9		440,907	17.0

　製造業における売上原価は、次の式で求められ、基本的な損益計算書の表示は以下のようになります（詳しい説明は第 11 章「製造業」の財務諸表を学ぶ、で行います）。

売上原価＝期首製品棚卸高＋当期製品製造原価－期末製品棚卸高

```
Ⅰ．売　上　高　　　　　　　　　×××
Ⅱ．売　上　原　価
  1．期首製品棚卸高　　×××
  2．当期製品製造原価＋) ×××
        計　　　　　×××
  3．期末製品棚卸高　－) ×××　　×××
    売上総利益　　　　　　　×××
```

　シャープ(株)での売上原価の記載は、当然、製造業ですので、その表示方法が内訳形式で記載されていることが分かります。

（2） 販売費及び一般管理費

区分	注記番号	前事業年度 (自平成 17 年 4 月 1 日 至平成 18 年 3 月 31 日)		当事業年度 (自平成 18 年 4 月 1 日 至平成 19 年 3 月 31 日在)	
		金額(百万円)	百分比 (%)	金額(百万円)	百分比 (%)
Ⅲ 販売費及び一般管理費 :	※	254,516	11.1	297,198	11.5

注記：販売費及び一般管理費の内訳

前事業年度 (自平成 18 年 4 月 1 日 至平成 19 年 3 月 31 日在)		当事業年度 (自平成 18 年 4 月 1 日 至平成 19 年 3 月 31 日在)	
※販売費及び一般管理費 イ　主要な費目の内訳		※販売費及び一般管理費 イ　主要な費目の内訳	
広告宣伝費	29,759	広告宣伝費	42,111
特許権使用料	37,962	特許権使用料	55,925
委託サービス代行	16,661	委託サービス代行料	17,229
製品保証引当金繰入額	3,890	（うち製品保証引当金繰入額）	(4,360)
従業員給料及び諸手当	39,073	従業員給料及び諸手当	39,949
（うち賞与引当金繰入額）	(5,168)	（うち賞与引当金繰入額）	(5,297)
退職給付費用	4,249	退職給付費用	2,457
減価償却費	6,956	業務委託料	15,219
研究開発費	49,626	減価償却費	6,842
（うち賞与引当金繰入額）	(3,600)	研究開発費	48,961
		（うち賞与引当金繰入額）	(2,417)
ロ　販売費、一般管理費のおおよその割合 　　　　　　　　　販売費 69% 　　　　　　一般管理費 31%		ロ　販売費、一般管理費のおおよその割合 　　　　　　　　　販売費 73% 　　　　　　一般管理費 27%	

　販売費及び一般管理費は、直接、損益計算書に記載されている場合もありますが、シャープ（株）のように、注記として記載されている場合もあります。また、販売費及び一般管理費は販売手数料、荷造費、発送運送費、貸倒引当金繰入、広告宣伝費、販売員の給料などのような販売活動によるものと、人件費である給料や賞与手当、福利厚生費、旅費交通費、水道光熱費、減価償却費(これは第 10 章「資産」と「費用」の関係を学ぶ、で扱っています)、保険料、雑費などの一般管理活動によるものがあります。しかし、販売活動と一般管理活動とに明確に分けられないこともあります。

5．「営業外費用」と「特別損失」を考える

区分	注記番号	前事業年度 (自平成 17 年 4 月 1 日 至平成 18 年 3 月 31 日)			当事業年度 (自平成 18 年 4 月 1 日 至平成 19 年 3 月 31 日在)		
		金額(百万円)		百分比(%)	金額(百万円)		百分比(%)
Ⅴ　営業外費用		:		:	:		:
1　支払利息		1,289			1,339		
2　社債利息		816			665		
3　コマーシャルペーパー利息		16			236		
4　固定資産賃貸費用		8,331			9,348		
5　特許料・技術指導料等収入見合費用		15,928			—		
6　品質関連費用		—			3,476		
7　その他		27,827	54,209	2.4	16,166	31,232	1.2
Ⅵ　特別損失		:		:	:		:
1　固定資産売廃却損		9,724			6,013		
2　投資有価証券評価損		0			3,026		
3　関係会社株式評価損		0			1,206		
4　過年度特許料		2,307	12,031	0.5	3,693	3,693	0.6

　営業外費用は、企業の主たる営業活動以外の活動から経常的に生ずる費用ですが、主として資金調達などの財務活動からの費用です。これには、借入金や社債などの負債に対する利息の支払である「支払利息」や「社債利息」、売買目的有価証券の評価替えによる「有価証券評価損」や有価証券の売却による「有価証券売却損」、売掛代金の早期支払いによる割引分の「売上割引」、その他の「雑損」などがあります。

　特別損失は、過年度における計算の誤りの修正による「過年度修正損」や臨時損失である固定資産売却や除却による「固定資産売却損」や「固定資産除却損」、投資有価証券売却による「投資有価証券売却損」、災害発生による「災害損失」などをいいます。

6．費用の「繰延」と「見越」を考える

　損益計算書の費用には、当期の会計期間に発生したものを計上します。費用の記録（測定）は、原則として現金等支出額で行うことになっています。これを**支出額基準**といいます。現実には、一会計期間における現金等支出額と実際に発生した費用の金額は一致しないことがあります。

（1）当会計期間に、次期の費用を現金等で支払ったとき
　1 年間の地代 12,000 円を現金で支払ったとします。支払った時点で支払地代(費用)

12,000 円として記録します。そのうち 5 ヵ月分 5,000 円が次期分だとします。当期の損益計算書へは、12,000 円から 5,000 円を差し引いた 7,000 円だけでいいはずです。このように、当期末からみると、次期の会計期間の費用 5,000 円を前払いしていることになります。この費用の前払分を**費用の繰延**といい、**前払費用**として貸借対照表の資産として計上すると同時に、費用から控除して、その差額を当期の費用として損益計算書に計上します。なお、1 年基準で 1 年を超えるものは長期前払費用として固定資産として処理します。

区分	注記番号	前事業年度 (平成 18 年 3 月 31 日現在)		当事業年度 (平成 19 年 3 月 31 日現在)	
		金額(百万円)	構成比 (%)	金額(百万円)	構成比 (%)
(資産の部) I 流動資産 :	:	:	:	:	:
8 前払費用 :		1,142		1,142	
II 固定資産 :		:		:	
3 投資その他の資産 :		:		:	
(7) 長期前払費用 :		31,562		33,557	

（２）当会計期間の費用を、次期において現金等の支払が約束されているとき

区分	注記番号	前事業年度 (平成 18 年 3 月 31 日現在)		当事業年度 (平成 19 年 3 月 31 日現在)	
		金額(百万円)	構成比 (%)	金額(百万円)	構成比 (%)
(負債の部) I 流動負債 :		:		:	
7 未払費用 :		85,754		115,716	

　6 ヶ月後に利息 6,000 円をまとめて現金で支払う約束の場合、当期に属する期間が 2 ヶ月で次期に属する期間が 4 ヶ月とします。この場合、2 ヶ月分は、当期分ですから当期の利息である支払利息として損益計算書の費用として計上しなければなりません。一方、この代金は利息の未払いですので、**未払費用**として貸借対照表の負債に計上することになります。このような費用のことを**費用の見越**といいます。

　上記の①や②の会計処理は決算日に行いますが、役務（サービス）の提供を受けることが、いずれも決算日をはさんだ契約期間であることが必要となります。

7.「損益計算書構成比率」を考える

　損益計算書全体の動向をみるためには、売上高を 100 としたときの損益計算書構成項目の割合を計算してみると便利です。これを**損益計算書構成比率**といいます。一般に、利益については**売上高利益率**と、費用については**売上高費用率**といわれています。

　売上高は取引規模の大きさを示すといわれ、売上高と各種利益の関係を示す売上高利益率は取引規模の収益性（儲けの程度）を示しています。この売上高利益率は各種利益ごとに計算されます。それぞれの利益率は高いほど、儲かっていることになります。

　それぞれの利益率の良し悪しは、それぞれの利益に各費用の構成比率と各収益の構成比率の増減により影響を受けています。

$$損益計算書構成比率 = \frac{各損益計算書項目}{売上高} \times 100 \ (\%)$$

$$(売上高) ○○利益率 = \frac{○○利益}{売上高} \times 100 \ (\%)$$

シャープ(株)の損益計算書から損益計算書構成比率表を作成してみました。

シャープ(株)　　損益計算書構成比率　　（%）	前事業年度	当事業年度	
売　　　　　上　　　　　高	100.0	100.0	
売　　　上　　　原　　　価	83.1	83.0	←売上原価率
売　　上　　総　　利　　益	16.9	17.0	←売上総利益率
販 売 費 及 び 一 般 管 理 費	11.1	11.5	←販管費率
営　　業　　利　　益	5.8	5.5	←営業利益率
営　　業　　外　　収　　益	2.6	1.4	←営業外収益率
営　　業　　外　　費　　用	2.4	1.2	←営業外費用率
経　　常　　利　　益	6.0	5.7	←経常利益率
特　　別　　利　　益	—	0.1	←特別利益率
特　　別　　損　　失	0.5	0.6	←特別損失率
税 引 前 当 期 純 利 益	5.5	5.2	←税引前当期純利益率
法人税、住民税及び事業税 （含む法人税等調整額）	1.8	1.6	
当　　期　　純　　利　　益	3.7	3.6	←当期純利益率

　売上原価率は前期・今期と約 83 ％で、売上総利益率は約 27 ％であまり変化はありません。全体的に各種費用率は、前期・今期ともほとんど変化はなく、したがって各種利益率も変化がなく、非常に安定した会社であるといえます。

8.「資本利益率」を考える

区分	注記番号	前事業年度 (平成18年3月31日現在)		当事業年度 (平成19年3月31日現在)	
		金額(百万円)	構成比 (%)	金額(百万円)	構成比 (%)
： (純資産の部) ：		：		：	
純資産合計		1,049,434	49.7	1,111,694	46.0
負債・純資産合計		2,110,839	100.0	2,418,592	100.0

※前事業年度の「資本の部」は「純資産の部」として記載した。

区分	注記番号	前事業年度 (自平成17年4月1日 至平成18年3月31日)		当事業年度 (自平成18年4月1日 至平成19年3月31日在)	
		金額(百万円)	百分比 (%)	金額(百万円)	百分比 (%)
I　売上高		2,283,109	100.0	2,595,470	100.0
II　売上原価		1,896,119	83.1	2,154,562	83.0
売上総利益		386,990	16.9	440,907	17.0
III　販売費及び一般管理費		254,516	11.1	297,198	11.5
営業利益		132,474	5.8	143,708	5.5
IV　営業外収益		58,848	2.6	34,668	1.4
V　営業外費用		54,209	2.4	31,232	1.2
経常利益		137,114	6.0	147,144	5.7
IV　特別利益		31	–	1,624	0.1
V　特別損失		12,031	0.5	13,940	0.6
税引前当期純利益		125,114	5.5	134,828	5.2
法人税、住民税 　　及び事業税など		41,160	1.8	42,020	1.6
当期純利益 　　：		83,954	3.7	92,808	3.6

　ここでの「資本」は、**投下資本**という意味で用いています。投下資本としての「資本」は、一般に会社の規模を表します。利益は投下した資本を効率的に運用することから生まれます。

　小さな投下資本を使って大きな利益をあげることが望ましいのです。利益と投下資本との関係を**資本利益率**といいます。資本利益率は、利益を期末資本（または資本平均有高）で除してその割合を求めます。この比率は大きいほど収益性が高く儲かっていることを意味します。なお、分母の資本は、通常、資本平均有高を用いますが、その場合には（期首資本＋期末資本）÷2で求めます。

$$資 本 利 益 率 \quad = \frac{利\qquad益}{資\qquad本} \times 100(\%)$$

　なお、分子の「利益」に、また分母の「資本」に何を使用するかにより、いろいろな資本利益率が求められます。ここでは、**総資本営業利益率、総資本経常利益率**、および**自己資本当期純利益率**を算出します。

$$・\ 総 資 本 営 業 利 益 率 \quad = \frac{営業利益}{総 資 本} \times 100$$

$$・\ 総 資 本 経 常 利 益 率 \quad = \frac{経常利益}{総 資 本} \times 100$$

$$・\ 自 己 資 本 当 期 純 利 益 率 \quad = \frac{当期純利益}{自己資本} \times 100$$

　シャープ（株）の資本利益率を求めると、次のようになります。分母の資本には、期末資本を用いて計算することにします。

	前事業年度			当事業年度		
総　資　本 営 業 利 益 率	$\dfrac{132,474}{2,110,839}$	×100	= 6.3%	$\dfrac{143,708}{2,418,592}$	×100	= 5.9%
総　資　本 経 常 利 益 率	$\dfrac{137,114}{2,110,839}$	×100	= 6.5%	$\dfrac{147,144}{2,418,592}$	×100	= 6.1%
自己資本当期 純 利 益 率	$\dfrac{83,954}{1,049,434}$	×100	= 8.0%	$\dfrac{92,808}{1,111,694}$	×100	= 8.3%

　総資本営業利益率と総資本経常利益率の期間比較での 0.4％の減少でやや悪化して気になりますが、さほどの問題ではありません。また、逆に自己資本利益率は 0.3％のやや増加で問題なし。いずれも収益性について問題はないといえます。

第11章　「資産」と「費用」との関係を学ぶ

> **この章の構成は次のとおり**
> 1.「費用配分」の原則を考える　2.「棚卸資産」と「売上原価」を考える
> 3.「棚卸資産」の評価について考える　4.「棚卸資産回転率」を考える。
> 5.「固定資産」と「減価償却」を考える　6.「固定資産回転率」を考える
> 7.「繰延資産」と「償却」を考える　8.「有価証券」と「評価損益」を考える
> 9.「継続性」の原則を考える

1.「費用配分」の原則を考える

　資産は、貨幣性資産と費用性資産とに大別されます。**貨幣性資産**とは、現金預金、売掛金や受取手形などの営業債権、貸付金や有価証券などで資金回収に長短の区別はあるとしても、最終的に直接、支払手段としての現金預金に回収できるものをいい、費用配分の原則の対象ではありません。

　費用性資産とは、棚卸資産や投資を除く固定資産などのように、本来の営業活動である製造や販売のために利用されることで、当期のみならず次期以降の収益獲得のために役立つ能力を有するものをいいます。費用性資産は、原則として取得原価で測定され、その取得原価を、当期の費用または次期以降の費用(これは資産となります)として、一定の手続きにより合理的に期間配分しなければなりません。このことを**費用配分の原則**といいます。費用配分の原則が、具体的にどのように行われるかは、その費用性資産の種類によって異なります。

2.「棚卸資産」と「売上原価」を考える

（1）個別法による売上原価の計算

　損益計算書では、売上原価は、売上高から最初に差し引かれる費用です。日々の取引が少ない業種では、そのつど売上高と売上原価を計算することができます。たとえば、次の6月中における乗用車売買の取引例により説明します。

> ・6月1日の期首在庫高は、1台（乗用車A）、仕入原価 1,500,000 円です。
> ・6月10日に2台（乗用車BとC）をそれぞれ 1,500,000 円で購入する。
> ・6月25日に上記2台（乗用車AとB）をそれぞれ 2,500,000 円で販売する。

　「売上高」は6月25日に乗用車AとBの2台の販売代金5,000,000円となります。この「売上高」に対応する「売上原価」は、販売済みの乗用車AとBの2台の取得原価3,000,000円となります。このように、売上のつど売上原価を計算する方法を**個別法**といいます。貸借対照表における棚卸資産の金額は次期以降となる費用の期末在庫の取得原価です。この例では乗用車Cの1,500,000円となります。

（2）継続記録法による売上原価の計算

　実際には、図表10−1「受払帳（または有高帳）」という帳簿を用いて棚卸資産の受け払いを記録します。「受入」欄には、期首在庫高（6月1日1,500,000円）と期中仕入高（6月10日の3,000,000円)を、「払出」欄には、売上高に対応する売上原価（6月25日の3,000,000円）と期末在庫高（6月30日の1,500,000円)が記録されています。このように、帳簿に受け払いを継続して記録を行うことから**継続記録法**といいます。この帳簿（一般には「商品有高帳」といいます）には、棚卸資産の種類ごとに記録されます。必要なときに種類ごとに在庫数量と在庫金額を確認できます。

図表10−1　棚卸資産の「商品有高帳」の記入例

＜乗用車＞ 　　　　　　　　　　　　　　　　　　　　　　　　　原価　1台1,500,000円

日 付		摘 要	受 入		払 出		在 庫	
			数 量	原 価	数 量	原 価	数 量	原 価
6	1	繰 越	1	1,500,000			1	1,500,000
	10	仕 入	2	3,000,000			3	4,500,000
	25	売 上			2	3,000,000	1	3,000,000
	30	繰 越			1	1,500,000		
		合 計	3	4,500,000	3	4,500,000		

（3）棚卸計算法による売上原価の計算

　少額の品物を大量に扱う企業では、払出のつど、その原価の記録は煩雑なり、事実上困難です。最近では、コンピュータ会計によりその処理も可能になりましたが、今でも小規模な企業では手作業による処理が普通です。そこで、会計期間末に、棚卸資産の在庫数量と在庫金額を計算するための実地調査を行います。この実地調査のことを（期末）**実地棚卸**といい、このときの在庫数量を（期末）**実地棚卸数量**、その金額を（期末）**実地棚卸高**といいます。この実地棚卸高を利用することで、以下の計算式で売上原価を求めることができます。このことを**棚卸計算法**といいます。

（期首商品棚卸高＋期中商品仕入高）−期末実地商品棚卸高＝売上原価

　これを、前記の自動車販売店の例で考えてみると、6月30日の期末現在に期末実地棚卸を行って、乗用車Cが1台（実地棚卸数量）、1,500,000円（期末実地棚卸高）となったとします。売上原価は、計算式により期首棚卸高(1,500,000円)＋期中仕入高(3,000,000円)−期末実地棚卸高（1,500,000円）＝（3,000,000円）と求められます。

　棚卸計算法の欠点は、**盗難品**や**紛失品**があっても、その原価ついては期末商品棚卸高には含まれず、販売されたものとして自動的に売上原価に含まれてしまうということです。

3.「棚卸資産」の評価を考える

（1）「売上原価」と「棚卸資産」の金額の計算方法

　これまでは、同じ金額（単価）で仕入れたことを前提にしています。実際には購入時点が変わると、仕入単価も異なることになり、払出時の払出単価をいくらにするかが問題になります。この払出単価の決定方法には、いろいろな方法がありますが、ここでは基本的な先入先出法、後入先出法、移動平均法、および総平均法のみを考えます。その他に、最終仕入原価法、売価還元法などもありますが、ここでは触れないことにします。

①　先入先出法

　先入先出法とは、**買入順法**ともいわれ、先に仕入れたものから順次（先に）払出していくと仮定し、払出時の単価と期末棚卸資産の単価を決定していく方法です。この方法では、古いものから先に払出すという物の流れと原価の流れが一致します。この方法によると、価格上昇期では、貸借対照表へ表示される棚卸資産の金額は、期末の高い時価に近い金額となり、財政状態表示から望ましいものとなります。反面、損益計算書に記載される売上原価は、先に仕入れた低額の取得原価をもとにした低い金額を、一方、売上高は、現在の高い価格水準での高い金額を記載することになるので、その対応関係に問題があるといわれます。

②　後入先出法

　後入先出法は、**買入逆順法**ともいわれ、先入先出法とは逆に、後から仕入れたものから順次（先に）払出していくと仮定し、払出時の単価と期末棚卸資産の単価を決定していく方法です。この方法によると、価格上昇期では、損益計算書に記載される売上原価と売上高は、現在の、より高い価格水準で互いに記録されるので、その対応関係に問題はありません。しかし、貸借対照表へ表示される棚卸資産の金額は、古い時期の低額の単価をもとに計算されますので、財政状態表示からは問題があるといわれます。
なお、この方法は 2010 年 4 月 1 日以後開始する事業年度から実務上において廃止されることになりました（企業会計基準委員会発表）。

③　移動平均法

　移動平均法とは、受入のつど、その直前の残高との平均単価を求め、次回の払出時の単価とする方法です。このときの平均単価は、（購入前の在庫金額＋新たに購入した金額）を（購入前の在庫数量＋新たな購入数量）で除して求めたものです。この方法では常に払出単価が一つとなるが、単価に端数が出るなど、手計算では煩雑となり、コンピュータによる処理が適しています。

④　総平均法

　総平均法とは、一定期間後に、その一定期間の平均単価を求め、その単価で期間中の払出原価と期末棚卸高を求める方法です。このときの平均単価は（期首棚卸高を含む一定期間における受入高合計）を（期首数量を含む一定期間の受入数量合計）で除して求めたものです。ここでの一定期間とは、1ヵ月または1会計期間などのことです。この方法は、一定期間経過後でなければ売上原価や期中の在庫高の計算ができないという短所があります。

（2） 棚卸資産の減耗費の計算

　継続記録法を採用している企業でも、少なくとも年1回は実地棚卸を行い、**実地棚卸数量**を求めます。この数量を、帳簿上の期末棚卸数量（これを**帳簿棚卸数量**といいます）と比較することにより盗難や紛失などの数量（これを**棚卸減耗数量**といいます）を発見できるからです。この棚卸減耗数量に単位当たり原価を乗じたものを**棚卸減耗費**（費用）になります。その棚卸減耗費を損益計算書への記載場所は、原価性がある場合には、売上原価（の内訳科目）または販売費として、原価性がない場合には、営業外費用または特別損失に記載することになっています。

　ここで「**原価性があり**」とは、生産販売活動において貢献していると考えられるもので、通常の範囲内で発生しているものをいいます。「**原価性がない**」とは、生産販売活動において貢献しないと考えられるもので、通常の範囲を超えて発生したものをさします。

（3） 棚卸資産の評価損の計算

　期末棚卸資産は、その取得原価と期末時価を比較して、いずれか低い方の価額を評価方法として使うことができます。この評価法を**低価基準**といいます。もし、時価が取得原価よりも低いときには時価で評価することになり、その差額は**棚卸評価損**（費用）として損益計算書に記載することになります。逆に高いときには取得原価で評価しますので評価益の計上はありません。この方法は、評価損は計上し評価益は計上しないという**保守主義の原則**の適用例です。

　棚卸評価損は、損益計算書へは売上原価（の内訳科目）または営業外費用として記載されます。また、時価が原価よりも著しく下落したときには、必ず棚卸評価損を計上することになります。これを強制低価法ともいいます。この場合には、損益計算書では営業外費用または特別損失に記載されます。

　長期所有による**品質低下**や流行おくれなどによる**陳腐化**などによる評価損があります。この評価損は、原価性がないときには損益計算書の営業外損失や特別損失として、原価性があるときには売上原価（の内訳科目）や販売費として、それぞれ記載されます。

4．「棚卸資産回転率」を考える

【貸借対照表】

区分	注記番号	前事業年度 （平成 18 年 3 月 31 日現在） 金額（百万円）	構成比 （％）	当事業年度 （平成 19 年 3 月 31 日現在） 金額（百万円）	構成比 （％）
（資産の部） I　流動資産 　　　： 　4　製品 　5　原材料 　6　仕掛品 　7　貯蔵品 　　　：		： 36,132 38,141 67,673 8,350 ：		： 44,996 46,486 105,950 6,955 ：	

【損益計算書】

区　　分	注記番号	前事業年度 （自平成 17 年 4 月 1 日 至平成 18 年 3 月 31 日） 金額（百万円）	百分比 (%)	当事業年度 （自平成 18 年 4 月 1 日 至平成 19 年 3 月 31 日） 金額（百万円）	百分比 (%)
Ⅰ　売上高			2,283,109	100.0		2,595,470	100.0
Ⅱ　売上原価						
1 製品期首棚卸高		41,894			36,132	
2 当期製品製造原価他		1,890,357			2,163,426	
合計		1,932,251			2,199,558	
3 製品期首たな卸高		36,132	1,896,119	83.1	44,995	2,154,562	83.0
売上総利益			386,990	16.9		440,907	17.0

　棚卸資産回転率は、1 年間に棚卸資産が売買により何回転したかを示すもので、1 年間の売上原価（または売上高）を棚卸資産の期末残高（または平均有高）で除して求めます。この回転率は、棚卸資産の生産販売効率をみるもので、回数が多いほど生産販売がスムーズに行われています。しかし、棚卸資産の在庫が少なくて、極端に高い場合には、顧客の注文に応じることができず、販売（売上）の機会を無くしているとも考えられます。回数が少ないときには、棚卸資産の在庫が多いことを示しています。

　棚卸資産回転期間は、棚卸資産の受入れから払出しまでの平均在庫期間を示しています。ここでは、棚卸資産の期末残高（または平均有高）を 1 日あたり売上原価（または売上高）で除して平均在庫日数を求めています。これは短いほど望ましいことになります。

　この棚卸資産回転率（または回転期間）は、その内訳としての商製品回転率（回転期間）、原材料回転率（回転期間）、仕掛品・半製品回転率（または回転期間）を見ることもできます。

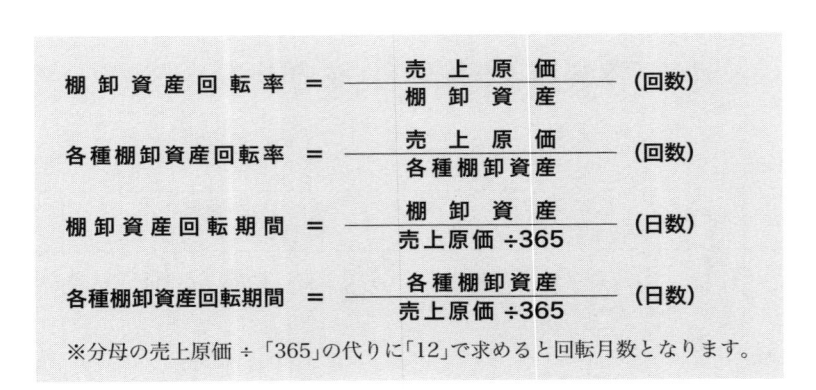

$$\text{棚 卸 資 産 回 転 率} = \frac{\text{売 上 原 価}}{\text{棚 卸 資 産}} \quad (\text{回数})$$

$$\text{各種棚卸資産回転率} = \frac{\text{売 上 原 価}}{\text{各 種 棚 卸 資 産}} \quad (\text{回数})$$

$$\text{棚 卸 資 産 回 転 期 間} = \frac{\text{棚 卸 資 産}}{\text{売上原価} \div 365} \quad (\text{日数})$$

$$\text{各種棚卸資産回転期間} = \frac{\text{各 種 棚 卸 資 産}}{\text{売上原価} \div 365} \quad (\text{日数})$$

※分母の売上原価÷「365」の代りに「12」で求めると回転月数となります。

　シャープ（株）における棚卸資産回転率と棚卸資産回転日数を求めると次のとおりです

（％または日数小数未第2位満四捨五入）。

比率名	前事業年度	当事業年度
棚卸資産回転率	$\dfrac{1,896,119}{36,132+38,141+67,673+8,360}=12.6\,回$	$\dfrac{2,154,562}{44,996+46,486+105,950+6,956}=10.5\,回$
棚卸資産回転期間	$\dfrac{36,132+38,141+67,673+8,360}{1,896,119\div365}=28.9\,日$	$\dfrac{44,996+46,486+105,950+6,956}{2,154,562\div365}=34.6\,日$

　当事業年度の棚卸資産回転率が、前事業年度よりも2ポイント悪化し、それに伴い回転期間が5.7日長化しているのが気にかかりますが、総資産に占める棚卸資産の割合が比較的少ないので、あまり問題はないと考えられます。

5.「固定資産」と「減価償却」を考える

　固定資産は、1年以上使用されるもので、目に見えて触れることができる有形固定資産と形のない企業価値のある権利としての無形固定資産があります。これらは、原則として、減価償却を通じて、その取得原価を当期分の費用と次期以降の費用分に配分されます（費用配分の原則）。当期分の費用は損益計算書へ、また次期以降の費用分は、貸借対照表へ記載します。なお、その他に固定資産には償却を要しない「土地」・「建設仮勘定」・「投資その他の資産」などがあります。

（1）有形固定資産の減価償却
　有形固定資産の**取得原価**は、原則として固定資産本体の購入原価（購入代価）に取得時から実際の使用時までに要した売買手数料、据付費、整備費用、各種税金などの**付随費用**を加算した金額です。
　土地と建設仮勘定以外の建物、構築物、備品、車両運搬具などの固定資産は、最終的に使用価値がなくなり使用できなくなります。その使用価値の減少を**減価**、その金額を計算する手続きを**減価償却**、当期の損益計算書に計上する費用を**減価償却費**といいます。
　固定資産に使用価値がなくなる原因（これを**減価の原因**といいます）には2つあります。1つは、使用や時の経過により物理的に使用不能となる（これを**物理的減価**といいます）ときと、2つは、新技術の発展などで機能的にアップし使用不能というよりも使用しない方が経済的に有利なとき（これを**機能的減価**といいます）です。企業は、これらの減価の原因を考慮に入れて使用価値がなくなる期間（これを**耐用年数**といいます）を見積ることが必要となります。一般に、**法定耐用年数表**が定められており、それに従うのが通常です。
　また、使用価値がなくなった後の売却可能価値（これを**残存価額**といいます）も見積ることが必要です。一般に、残存価額は、便宜上、取得原価の1割という税法にいう**法定残存価額**を使用していました。しかし平成19年度税法改正により平成19年4月以降の取得

資産の法定残存価額はゼロとして計算することもできます（ただし償却後の資産の備忘価額は 1 円となります）。ここでは今までどおり、取得原価の 10% としています。

（2）減価償却の計算方法

減価償却の計算要素は、取得原価、残存価額および耐用年数の 3 つです。取得原価から残存価額を控除した残りの金額を、耐用年数の期間中に配分して減価償却費として費用化することになります。この計算方法には、いろいろありますが、ここでは基本的な定額法や定率法を扱い、その他の**生産高比例法**や**取替法**については触れません。

① 定額法

定額法とは、取得原価から残存価額を控除した残りの金額を、耐用年数で除して、毎年の減価償却費を計算する方法です。この方法は、減価償却費の金額は毎期一定額となることから、またグラフで横軸に時の経過を記入し、縦軸に減価償却費の金額や、減価償却後の帳簿価額を線で結ぶと直線となることから**直線法**ともいわれています。

$$\text{減価償却費} = \frac{\text{取得原価} - \text{残存価額}}{\text{耐用年数}} \quad \text{または} \quad (\text{取得原価} - \text{残存価額}) \times \text{定額法償却率} *$$

$$* \text{定額法償却率} = 1 \div \text{耐用年数}$$

取得原価 100,000 円の備品を耐用年数 5 年、残存価額：取得原価の 1 割とすると、当期の減価償却費は、（取得原価 100,000 円－残存価額 100,000 円×0.1）÷耐用年数 5 年＝180,000 円となり、毎期一定額を計上することになります。

② 定率法

定率法とは、毎期の期首未償却残高に一定の償却率を乗じて計算する方法です。この方法は、固定資産の取得した初期に多額の償却費が計上されるので、定額法よりも保守的です。また、固定資産の能率が落ちて修繕維持費が耐用年数の終わりに近づくにつれて多くなる場合には、その固定資産に関する減価償却費と修繕維持費の合計は、ほぼ一定となるともいわれています。

$$\text{減価償却費} = \text{期首帳簿価額} \times \text{定率法による償却率}$$

$$\text{期首帳簿価額} = \text{取得原価} - \text{減価償却累計額}$$

$$\text{定率法による償却率} = 1 - \sqrt[\text{耐用年数}]{\text{残存価額} \div \text{取得原価}}$$

定率法による償却率は、耐用年数ごとに「**減価償却資産の償却率表**」に記載されています。たとえば、上記の備品の例では、耐用年数 5 年の定率法による償却率は 0.369 です。これで減価償却費を計算すると、1 年目は、100,000 円×0.369＝36,900 円となり、2 年目は、2 年目期首帳簿価額（100,000 円－36,900 円）×0.369＝23,283 円（端数切捨て）となります。同様に 3 年目は、（100,000 円－36,900 円－23,238 円）×0.369＝14,692 円となります。定率法の償却金額が、だんだんと少なくなることから**逓減償却法**ともいわれています。なお、平成 19 年度税法改正により、平成 19 年 4 月以降に取得した資産に対する定率法の適用の償却率は、定額法償却率を改定したものを使用しています。

（３）有形固定資産の期末評価額と表示方法

区分	注記番号	前事業年度 (平成 18 年 3 月 31 日現在)		当事業年度 (平成 19 年 3 月 31 日現在)	
		金額（百万円）	構成比（%）	金額（百万円）	構成比（%）
（資産の部） ：		：		：	
Ⅱ 固定資産					
1 有形固定資産					
（1）建物		472,234		518,434	
減価償却累計額		△252,309	219,924	△268,403	250,031
（2）構築物		35,355		33,666	
減価償却累計額		△20,142	12,212	△21,042	12,623
（3）建物及び装置		1,163,370		1,340,993	
減価償却累計額		△813,859	349,511	△912,928	428,065
（4）車両その他の陸上運搬具		902		965	
減価償却累計額		△628	274	△724	240
（5）工具、器具及び備品		285,710		308,397	
減価償却累計額		△240,128	45,581	△258,440	49,957
（6）土地		50,302		50,139	
（7）建設仮勘定		77,217		56,194	
有形固定資産合計			755,024	35.8	847,251	35.0

＜注記事項その他＞

前事業年度 (自平成 17 年 4 月 1 日 至平成 18 年 3 月 31 日在)	当事業年度 (自平成 18 年 4 月 1 日 至平成 19 年 3 月 31 日)
＜販売費及び一般管理費の内訳＞ イ 主要な費目の内訳 ： 減価償却費　　　　　6,956 ：	＜販売費及び一般管理費の内訳＞ イ 主要な費目の内訳 ： 減価償却費　　　　　6,842 ：
＜製造原価明細表の経費の内訳＞ ： 減価償却費　　　　141,168	＜製造原価明細表の経費の内訳＞ ： 減価償却費　　　　157,903

　有形固定資産の期末評価額は、当該資産の固定資産の取得原価から減価償却累計額を控除した価額です。貸借対照表における有形固定資産と減価償却累計額の表示方法としては、次の 4 つの方法があります。

① 各科目ごとに取得原価から減価償却累計額を控除する**「個別記載法」**。
② 各科目ごとに取得原価を記載し、一括して複数科目の減価償却累計額の合計額を控除する**「一括記載法」**。
③ 各科目ごとに減価償却累計額を直接控除した残高を記載し、注記でその科目ごとに減価償却累計額で示す**「個別注記記載法」**。
④ 各科目ごとに減価償却累計額を直接控除した残高を記載し、注記で一括して複数科目の減価償却累計額の合計額を示す**「一括注記記載法」**。

シャープ（株）の例では、上記の①の個別控除記載法を採用しています。

①個別記載法	②一括記載法
貸 借 対 照 表	貸 借 対 照 表
：	：
Ⅱ固定資産	Ⅱ固定資産
(1)有形固定資産	(1)有形固定資産
1．建　　　物　　×××	1．建　　　物　　　　　×××
減価償却累計額　　×××　　×××	2．備　　　品　　　　　×××
2．備　　　品　　×××	
減価償却累計額　　×××　　×××	減価償却累計額　　　△×××
：	：
：	：
③個別注記法	④一括注記記載法
貸 借 対 照 表	貸 借 対 照 表
：	：
Ⅱ固定資産	Ⅱ固定資産
(1)有形固定資産	(1)有形固定資産
1．建　　　物(注)　　×××	1．建　　　物(注)　　　×××
2．備　　　品(注)　　×××	2．備　　　品(注)　　　×××
：	：
(注)減価償却累計額については建物に¥××、備品に¥××が計上されている。	(注)減価償却累計額については建物と備品に¥××が計上されている。

（４）「無形固定資産」の減価償却

区分	注記番号	前事業年度 (平成18年3月31日現在)		当事業年度 (平成19年3月31日現在)	
		金額（百万円）	構成比 (%)	金額（百万円）	構成比 (%)
（資産の部）					
：		：		：	
Ⅱ　固定資産					
：		：		：	
2　無形固定資産					
（1）工業所有権		11,923		10,896	
（2）施設利用権		826		791	
（3）ソフトウエア		28,742		38,848	
無形固定資産合計		41,491	2.0	50,536	2.1

　　無形固定資産の減価償却は、のれん（営業権）については 20 年以内に、その他の無形固定資産は法定有効期間内（一般には税法上の耐用年数を利用します）に残存価額をゼロとして、原則として定額法で均等額以上を償却します。施設利用権や地上権のように償却不要の無形固定資産もあります。貸借対照表への記載は、直接法なので毎期首現在の帳簿価額から毎期の減価償却費を直接控除した差額を記載します。

６．「固定資産回転率」を考える

区分	注記番号	前事業年度 (平成 18 年 3 月 31 日現在)		当事業年度 (平成 19 年 3 月 31 日現在)	
		金額（百万円）	構成比 (%)	金額（百万円）	構成比 (%)
（資産の部）		:		:	
II　固定資産					
1　有形固定資産					
（1）建物		219,924		250,031	
（2）構築物		12,212		12,623	
（3）建物及び装置		349,511		428,065	
（4）車両その他の陸上運搬具		274		240	
（5)工具、器具及び備品		45,581		49,957	
（6)土地		50,302		50,139	
（7)建設仮勘定		77,217		56,194	
有形固定資産合計		755,024	35.8	847,251	35.0
2　無形固定資産		:		:	
無形固定資産合計		41,491	2.0	50,536	2.1
3　投資その他の資産		:		:	
投資その他の資産合計		332,776	15.7	338,231	14.0
固定資産合計		1,129,292	53.5	1,236,020	51.1

【損益計算書】

区分	注記番号	前事業年度 (自平成 17 年 4 月 1 日 至平成 18 年 3 月 31 日)		当事業年度 (自平成 18 年 4 月 1 日 至平成 19 年 3 月 31 日)	
		金額（百万円）	百分比 (%)	金額（百万円）	百分比 (%)
I　売上高		2,283,109	100.0	2,595,470	100.0

　固定資産回転率は、収益（売上高）をあげるのに固定資産が無駄なく効率よく運用されているか（固定資産の効率性）を見るために、売上高を固定資産期末残高（または平均有高）で除して求めます。この回転率は、高いほど望ましいことになります。この逆数は固定資産利用期間を表す固定資産回転期間で、その期間が短いほど望ましいことになります。

　なお、固定資産回転率（または回転期間）は有形固定資産回転率（または回転期間）や無形固定資産回転率（または回転期間）に分けられ、さらに有形固定資産回転率（または回転期間）は、建物、備品、車両運搬具、土地などの各種有形固定資産回転率（または回転期間）を求めることができます。

$$\text{固 定 資 産 回 転 率} \quad = \quad \frac{\text{売 上 高}}{\text{固定資産}} \quad \text{(回数)}$$

$$\text{各種固定資産回転率} \quad = \quad \frac{\text{売 上 高}}{\text{各種固定資産}} \quad \text{(回数)}$$

$$\text{固 定 資 産 回 転 期 間} \quad = \quad \frac{\text{固定資産}}{\text{売上高} \div 12} \quad \text{(月数)}$$

$$\text{各種固定資産回転期間} \quad = \quad \frac{\text{各種固定資産}}{\text{売上高} \div 12} \quad \text{(月数)}$$

　シャープ（株)における固定資産回転率と固定資産回転期間を求めると次の通りです（回数または月数小数未第2位満四捨五入）。

　固定資産回転率と固定資産回転期間は、当事業年度、前事業年度ともほぼ変わらず安定している。

比率名	前事業年度	当事業年度
固定資産回転率	$\dfrac{2,283,109}{1,129,292}$ =2.0回	$\dfrac{2,595,470}{1,236,020}$ =2.1回
固 定 資 産 回 転 期 間	$\dfrac{1,129,292}{2,283,109 \div 12}$ =5.9月	$\dfrac{1,236,020}{2,595,470 \div 12}$ =5.7月

7．「繰延資産」と「償却」を考える

区分	注記番号	前事業年度 （平成18年3月31日現在） 金額（百万円）	構成比（%）	当事業年度 （平成19年3月31日現在） 金額（百万円）	構成比（%）
（資産の部） 　　　： Ⅲ　繰延資産		：		：	
1　社債発行費		—		4,865	
繰延資産合計		—		4,865	0.2

　旧商法施行規則では、繰延資産の償却は、法定償却期限内に均等額以上とすることが定められています。その定めにより当期償却額を計算し、それを損益計算書に記載することになっていました。

　会社計算規則では、繰延資産の列挙表示とその法定償却の規定はなく、その償却は、公正なる会計慣行により行われることになりました。繰延資産の貸借対照表への記載につい

ては、旧規定と同様に、毎期首の帳簿価額から毎期計算された残存価額をゼロにして定額法による月割償却額を直接控除した差額のみを記載します。

　償却期間については、企業会計基準委員会により「繰延資産の会計処理に関する取扱」が公表されていて、創立費と開業費は 5 年以内、株式交付費は 3 年以内、社債発行費は償却期限内及び研究開発費は 5 年以内となっています。

８．「有価証券」と「評価損益」について考える

区分	注記番号	前事業年度 （自平成 17 年 4 月 1 日 至平成 18 年 3 月 31 日）		当事業年度 （自平成 18 年 4 月 1 日 至平成 19 年 3 月 31 日）	
		金額（百万円）	百分比（％）	金額（百万円）	百分比（％）
： VII　特別損失 ： 　2　投資有価証券評価損 　3　関係会社株式評価損		： ： 0 0		： ： 3,026 1,206	

　有価証券の取得原価は、有価証券本体の購入代価に売買手数料などの付随費用を加算したものです。

　有価証券は、保有目的等の観点から①売買目的の有価証券、②満期保有目的の債券、③子会社株式および関連会社株式および④その他有価証券に分かれます。

　①売買目的有価証券については、時価の変動により利益を得る目的で短期的に保有することから、**時価**をもって貸借対照表へ記載することになります。その評価差額は、**有価証券評価益**（収益）や**有価証券評価損**（費用）として営業外損益として損益計算書に記載することになります。

　①以外の有価証券は、固定資産の「投資その他の資産」に計上されるので、その評価は原則として、取得原価で記載します。なお決算時において時価が著しい下落となり、回復の見込みがないと考えられた場合には、必ず評価損を計上する**強制低価法**（強制評価減）の適用があります。なお、④のその他有価証券については、時価基準の適用があり、その評価差額金は「その他有価証券評価差額金」として純資産の部の「その他包括利益累計額」（または「評価換算差額等」）に記載することになります。

9. 「継続性」の原則を考える

継続性の原則とは、一般原則第5に「企業会計は、その処理の原則及び手続を毎期継続して適用し、みだりにこれを変更してはならない」と規定している。

　継続性の原則は、棚卸資産の評価方法や減価償却の計算方法では複数の会計処理が認められており、この中から一つの方法をいったん採用したら、できるだけ継続して毎期適用することを要求した原則です。このことにより恣意的な**利益操作**が排除され、財務諸表の**期間比較**が可能となります。この原則により、真実な報告が保証されるので真実性の原則を会計処理面から支えています。

　例えば、棚卸資産の評価に低価基準をいったん採用すると、当然、継続性の原則が適用され、そのまま低価基準を採用することになります。

　ただし、法令の改廃、経済状況の急激な変化、企業内部組織の改編などで変更するだけの**正当な理由**が存在するときには、その理由を財務諸表に注記することで、変更が可能となります。

第12章　「キャッシュ・フロー計算書」を学ぶ

1.「キャッシュ・フロー計算書」を考える

（1）貸借対照表とキャッシュ・フロー

貸借対照表は、企業の一定時点での資産・負債および純資産（資本）の状況の一覧表で、企業の財政状態を明らかにしたものです。貸借対照表の流動資産の部の「現金預金」は期末時点の残高を示しています。現金預金の増減額は、2期間（前期と今期）の比較することで求められますが、その増減の原因はわかりません。その増減の原因（内訳）を明らかにした一覧表が**キャッシュ・フロー計算書**です。キャッシュ・フローとは、現金預金などの**資金（キャッシュ）**の流れ（**流入と流出＝フロー**）のことです。

（2）損益計算書とキャッシュ・フロー

損益計算書は、企業の経営成績を明らかにするために一定期間の収益、費用および利益の状況の一覧表です。損益計算書の収益や費用が、キャッシュ・フローである現金預金の増減と直接結びつくためには「収益の発生＝現金預金の増加」、「費用の発生＝現金預金の減少」となり、結果として「利益＝現金預金の純増加」となることが必要です。

（3）キャッシュ・フロー計算書の必要性

売上や仕入が掛や手形のような信用取引で行われると、ただちに「収益の発生＝現金預金の増加」、「費用の発生＝現金預金の減少」と結びつきません。また、固定資産の購入は、「現金預金の減少」になりますが、「費用の発生」にはなりません。また、期末時点で固定資産の減価償却費の計上は「費用の発生」とはなりますが、「現金預金の減少」とはなりません。損益計算書における「利益」の計上は「現金預金の増加」とは結びつかず、利益を計

上しても支払手段としての「現金預金」が不足して、負債の返済や支払に充てることができないことがあります。この状態を「**勘定あって銭足らず**」といいます。このことが原因で会社が倒産することがあります。これを**黒字倒産**といいます。ここに、キャッシュ・フロー計算書の必要性が考えられます。

（4）キャッシュ・フロー計算書における「キャッシュ」

　キャッシュ・フロー計算書における「キャッシュ」は、貸借対照表の「現金預金」と同じものといいましたが、正式には**現金及び現金同等物**であり、若干異なっています。**現金**には、**通貨**としての「**現金**」と、普通預金、当座預金、通知預金、郵便貯金などの「**要求払預金**」が含まれます。現金同等物とは、容易に換金可能で、価値変動もほとんどなく、3ヵ月を基準とした短期投資をいいます。これには3ヵ月以内の**定期預金**などが入ります。

　キャッシュ・フロー計算書は、**金融商品取引法**（旧証券取引法）の対象会社のみですが、2000年4月期から貸借対照表や損益計算書と同様に**財務諸表**の一つとして新たに位置付けられました。ただし、個別財務諸表の一つではなく、連結財務諸表の一つとして公表することになりました。

　しかし、これまでにも財務諸表としての位置付けとしてではありませんが、資金情報として**資金収支表**として公開されていました。

　本章でこれから使用する「キャッシュ・フロー計算書」の資料は、シャープ（株）における「連結キャッシュ・フロー計算書」の資料ですが、便宜上、「個別キャッシュ・フロー計算書」として使用しています。

2. キャッシュ・フロー計算書の「構成内容」を考える

区分	注記番号	前事業年度 （自平成17年4月1日 至平成18年3月31日） 金額（百万円）	当事業年度 （自平成18年4月1日 至平成19年3月31日） 金額（百万円）
I 営業活動によるキャッシュ・フロー		263,753	314,352
II 投資活動によるキャッシュ・フロー		△229,386	△328,789
III 財務活動によるキャッシュ・フロー		△33,760	41,170
IV 現金及び現金同等物に係る換算差額		3,393	463
V 現金及び現金同等物の増加額		4,000	27,196
VI 現金及び現金同等物の期首残高		296,312	299,466
VII 新規連結に伴う現金及び現金同等物の増加額		0	2,583
VIII 合併等に伴う現金及び現金同等物の増加額		154	41
IX 現金及び現金同等物の期末残高		299,466	329,286

　（注）　上記　「VII　新規連結に伴う現金及び現金同等物の増加額」は、連結キャッシュ・フロー特有のものです。したがって、個別キャッシュ・フロー計算書では記載されません。

キャッシュ・フロー計算書は、損益計算書と同様に、一会計期間におけるキャッシュ・フローを上下に区分式で記載します。

一会計期間のキャッシュ・フローは、営業、投資および財務の3つの活動に区分され、その結果を「**営業活動によるキャッシュ・フロー**」、「**投資活動によるキャッシュ・フロー**」および「**財務活動によるキャッシュ・フロー**」としてそれぞれ表示されます。さらに、その3つの活動におけるキャッシュ・フローの増減額を合計して「**現金及び現金同等物の増加（減少）額**」として記載し、それに「**現金及び現金同等物期首残高**」を加え「**現金及び現金同等物期末残高**」を求めることになっています。

なお、正式には、シャープ（株）の例を参照すると、上記以外に「外貨建て現金預金の換算差額」がある場合には、「現金および現金同等物の増加（減少）額」に加算しています。また、「新規連結や合併に伴う現金および現金同等物の増加（減少）額」があるときには、その増減を加えて、「現金および現金同等物期末残高」としています。ここでは、このような科目を加減するということのみで、説明を省きます。

（1）営業活動によるキャッシュ・フロー

営業活動によるキャッシュ・フローとは、企業本来の営業活動からのキャッシュ・フローをいいます。具体的には、商品・製品の販売やサービスの提供などによる売上収入や役務収入、商品や製品製造のための仕入支出や各種経費支出、および販売および一般管理活動にもとづく費用支出などで、損益計算書の営業損益の対象としたキャッシュ・フロー取引です。

営業活動によるキャッシュ・フローは、この金額が多いほど、企業内部での資金調達がスムーズに行われ、経営者が自由に運用・支出できる資金が多くあり、企業外部からの資金調達に頼らなくてもよいことを意味します。

（2）投資活動によるキャッシュ・フロー

投資活動によるキャッシュ・フローとは、基本的に営業活動によるキャッシュ・フローなどで獲得・調達された資金（キャッシュ）を、将来における利益の獲得ために各種資産に投資し、回収する活動からのキャッシュ・フローをいいます。これには、設備投資などへの**固定資産投資**、有価証券への**証券投資**および資金貸付による**貸付融資**などの3つに大別できます。

この3つのキャッシュ・フローを観察することにより、経営者が考える将来の姿勢や方向性などを見ることができます。

（3）財務活動によるキャッシュ・フロー

財務活動によるキャッシュ・フローとは、営業活動および投資活動をスムーズに維持するための調整機能としての働きをもつキャッシュ・フローをいいます。これには資金不足のときの借入れや株式・社債の発行による資金調達活動や、余剰資金があるときの借入金の返済や社債の償還および自社株式の買入れ、配当金支払いなどの活動があります。

このキャッシュ・フローにより、経営者の具体的な財務的手腕（能力）を見ることができます。

3．「営業活動によるキャッシュ・フロー」の表示を考える

　営業活動によるキャッシュ・フローは、企業維持・発展させる上で最も基盤となるキャッシュ・フローです。その作成方法には、直接法と間接法があります。

（1）直接法による表示方法
①　直接法
　直接法とは、キャッシュ（資金）の流入（インフロー）と流出（アウトフロー）を直接的にとらえ、営業収入と営業支出の2つに分類・集計して記載する方法です。この方法は、現金出納帳の内容とほぼ同様と考えられます。
　直接法の長所は、営業活動にかかるキャッシュ（資金）の流れがありのままに総額で把握できます。**直接法の短所**は、貸借対照表や損益計算書の勘定科目から独立した科目を使用することになるので、作成に時間がかかるということです。
②　直接法による表示内容

区分	注記番号	前事業年度 （自平成 17 年 4 月 1 日 至平成 18 年 3 月 31 日） 金額（百万円）	当事業年度 （自平成 18 年 4 月 1 日 至平成 19 年 3 月 31 日） 金額（百万円）
Ⅰ　営業活動によるキャッシュ・フロー			
営業収入①		××	××
原材料又は商品の仕入による支出②		△×××	△×××
人件費の支出③		△×××	△×××
その他の営業支出④		△×××	△×××
小　　　　　計		××	××
利息及び配当金の受取額⑤		××	××
利息の支払額⑥		△×××	△×××
損害賠償金の支払額⑦		△×××	△×××
・・・・・・・・・		××	××
法人税等の支払額⑧		△×××	△×××
営業活動によるキャッシュ・フロー		299,466	329,286

　営業収入①には、当期に現金預金で売上げたものや当期に掛けや手形で売り上げたもので当期に現金預金で回収されたものをいいますが、前期に掛けや手形で売り上げたものでも当期に回収されたものも含まれます。したがって、当期に売上げることで当期の損益計算書に計上しても、掛けや手形が未回収の時には、営業収入には含まれません。
　営業支出には原材料や商品などの購入代金の支払いによる**仕入支出**②、賃金や給料の支払いによる**人件費支出**③、人件費以外の販売及び一般管理活動などの支払いによる**その他の営業支出**④が記載されます。仕入支出には、主として当期に原材料や商品などを現金預金で仕入れたものや、掛けや手形で仕入れても当期中に現金預金で支払ったものをいいま

すが、前期に掛けや手形で仕入れたものを当期において現金預金で支払ったものが含まれます。人件費支出やその他の営業支出も、当期において実際に現金預金によって支払われたものをいいます。

　なお、「営業活動によるキャッシュ・フロー」の様式は、「小計」をはさんで上下２つに分かれています。「小計」までの部分が、本来の営業活動にもとづくキャッシュ・フローを記載しています。

　「小計」の下の部分が「投資活動」や「財務活動」のいずれにも含まれないキャッシュ・フローである「**損害賠償金の支払額**」⑦を、そのほかに同様なものとして「**破産債権・更生債権等の回収額**」や「**保険金の収入額**」などがあります。さらに「**受取利息及び配当金の受領額**」⑤や「**利息の支払額**」⑥および「**法人税の支払額**」⑦などで、当期中の現金預金の授受額であるキャッシュ・フローを営業活動として記載します。

（２）間接法による表示方法
①　間接法の原理
　間接法とは、基本的には、期首と期末の貸借対照表を比較して作成する方法で、当期純利益を基準（スタート）にしてキャッシュ・フロー計算書を作成する方法です。

　間接法の原理は、資産をキャッシュ資産（現金預金）と非キャッシュ資産（現金預金以外の資産）と分けた貸借対照表等式（キャッシュ資産＋非キャッシュ資産＝負債＋純資産（資本））から導き出されます。

　上記の貸借対照表等式は次のキャッシュ資産等式に変形させることができます。

キャッシュ資産＝△非キャッシュ資産＋負債＋純資産（資本）

　キャッシュ資産の増加要因は、非キャッシュ資産の減少、負債の増加または資本の増加ということになります。また、キャッシュ資産の減少要因は、非キャッシュ資産の増加、負債の減少または純資産（資本）の減少ということになります。なお、当期純利益は純資産（資本）の増加で、キャッシュ資産の増加要因となり、逆に当期純損失は純資産（資本）の減少となり、キャッシュ資産の減少要因となります。

キャッシュ資産の増加‥‥非キャッシュ資産の減少＋負債の増加＋純資産（資本）の増加
キャッシュ資産の減少‥‥非キャッシュ資産の増加＋負債の減少＋純資産（資本）の減少

　間接法の長所は、「利益」と「キャッシュ・フロー」との関係が明らかになり、比較的簡単に作成でき、手数がかからないことです。**間接法の短所**としては、直接法のように取引の総額表示がなく、ありのままのキャッシュ・フローを表さないことです。実務界では、比較的簡単に作成でき、手数がかからない間接法が多く採用されています。いずれにしても、直接法と間接法でもキャッシュ・フローの結果は必ず一致することになります。

②　間接法による表示内容

区分	注記番号	前事業年度 （自平成 17 年 4 月 1 日 至平成 18 年 3 月 31 日） 金額（百万円）	当事業年度 （自平成 18 年 4 月 1 日 至平成 19 年 3 月 31 日在） 金額（百万円）
Ⅰ　営業活動によるキャッシュ・フロー			
1 税引前当期純利益①		140,018	158,296
2 減価償却費②		186,434	208,632
3 受取利息及び受取配当金③		△5,769	△6,913
4 支払利息及びコマーシャルペーパー利息④		6,410	7,668
5 為替差損⑤		2,070	2,760
6 有形固定資産売棄却損⑥		10,126	7,356
7 売上債権の増加額⑦		△43,716	△73,726
8 棚卸資産の減少額（又は増加額）⑧		2,693	△86,946
9 仕入債務の増加額⑨		63,945	143,425
10 その他⑩		△35,119	7,756
小計		317,092	368,307
利息及び配当金の受取額⑪		7,961	9,432
利息の支払額⑫		△6,561	△8,182
法人税等の支払額⑬		△54,739	△55,205
営業活動によるキャッシュ・フロー		299,466	329,286

　間接法によるスタートは、①「税引前当期純利益」または「税金等調整前当期純利益」となります。

　次に、当期純利益にア．非資金費用項目、イ．金融損益調整項目、ウ．投資および財務活動振替項目、さらにエ．運転資金増減項目を増減し、小計欄を求めることになります。

　アの非資金費用項目では、②減価償却費などで費用計上してもキャッシュ（資金）の減少がないことから、当期純利益に加算し、営業キャッシュ・フローの増加とします。

　イの金融損益調整項目は、損益計上した③「受取利息や受取配当金」や④「支払利息」を当期純利益に戻し入れる処理で、小計欄の下にある「受取利息や配当金」の実際受取額と「支払利息」の実際支払額を計上します。この結果、利息や配当金の「未収分」や「未払分」が除かれます。

　ウの投資や財務活動振替項目は、⑤や⑥の有価証券や固定資産などの投資や財務活動に関係する損益を当期純利益から除外し、実際額で投資活動や財務活動で計上するためです。

　エの運転資金増減項目は、⑦、⑧、⑨などの営業取引に関係する資産や負債項目で売上債権、棚卸資産、仕入債務の増減項目の項目です。売上債権や棚卸資産の増加と仕入債務の減少は、営業キャッシュ・フローの減少となり、売上債権や棚卸資産の減少と仕入債務の増加は、営業キャッシュ・フローの増加となります。

　小計欄の下には、直接法と同じ⑪「利息および配当金の受取額」、⑫「利息の支払額」、⑬「法人税等支払額」などを増減し、「営業キャッシュ・フロー」を計上します。

４．「投資活動によるキャッシュ・フロー」の表示を考える

（１）投資活動によるキャッシュ・フロー

　投資活動によるキャッシュ・フローでは、企業の将来性を担うためのもので、「営業活動によるキャッシュ・フロー」の有効利用として、将来の利益獲得のための投資となります。

　投資活動によるキャッシュ・フローは支出と収入を独立して記載する総額表示が原則となっています

（２）投資活動によるキャッシュ・フローの表示内容

区分	注記番号	前事業年度 （自平成17年4月1日 至平成18年3月31日） 金額（百万円）	当事業年度 （自平成18年4月1日 至平成19年3月31日在） 金額（百万円）
:		:	:
営業活動によるキャッシュ・フロー		299,466	329,286
Ⅱ　投資活動によるキャッシュ・フロー			
1 定期預金預入による支出①		△60,020	△120,063
2 定期預金払戻による収入②		65,104	96,072
3 有価証券売却による収入③		21,739	6,480
4 有形固定資産の取得による支出④		△232,770	△292,548
5 有形固定資産の売却による収入⑤		609	1,407
6 投資有価証券の取得による支出⑥		△12,391	△4,121
7 投資有価証券の売却による収入⑦		5,748	1,944
8 貸付による支出⑧		△4,785	△1,063
9 貸付金の回収による収入⑨		4,561	683
10 その他⑩		△17,181	△14,580
投資活動によるキャッシュ・フロー		△229,386	△228,789

　投資活動によるキャッシュ・フローには、①と②の預金の預入れや引出しや③の有価証券および④と⑤の投資有価証券購入や売却による**短期及び長期投資目的**、⑥と⑦は有形固定資産による**固定資産投資目的**および⑧と⑨は貸付金などの貸付けと回収による**融資目的**があります。なお、それぞれの目的による支出は、投資活動によるキャッシュ・フローのマイナスとして、逆に、その収入は、投資活動によるキャッシュ・フローのプラスとして記載します。

　なお、「営業活動によるキャッシュ・フロー」に「投資活動によるキャッシュ・フロー」を加えたものを、特に「**フリー・キャッシュ・フロー**」ということもあります。これは、経営者が自由に処分できるキャッシュといわれています。

5．「財務活動によるキャッシュ・フロー」の表示を考える

（1）財務活動によるキャッシュ・フロー

　財務活動によるキャッシュ・フローは、営業活動と投資活動をスムーズに維持・運営するための調整的な働きになります。つまり、フリー・キャッシュ・フローがマイナスの場合には、財務活動において資金調達の必要性があり、それがプラスの場合には財務活動での資金返済ができます。

　財務活動によるキャッシュ・フローも、投資活動のそれと同様に、原則として総額表示となります。なお、①と②のように金額が少ないなど重要性が乏しいときには短期借入金やコマーシャルペーパーなどは、純額表示が認められているものもあります。

（2）財務活動によるキャッシュ・フローの表示内容

区分	注記番号	前事業年度 （自平成 17 年 4 月 1 日 至平成 18 年 3 月 31 日） 金額（百万円）	当事業年度 （自平成 18 年 4 月 1 日 至平成 19 年 3 月 31 日在） 金額（百万円）
:		:	:
Ⅲ　財務活動によるキャッシュ・フロー			
1　短期借入金の純増加額（又は純減少額）①		△25,340	29,233
2　コマーシャルペーパーの純増加額（又は純減少額）②		5,370	△150,766
3　長期借入れによる収入③		45,194	7,563
4　長期借入金の返済による支出④		△33,672	8,798
5　社債発行による収入⑤		54,900	0
6　社債の償還による支出⑥		△51,800	△6,600
7　新株予約権付社債発行による収入⑦		―	199,761
8　自己株式の取得による支出⑧		△336	△480
9　配当金の支払額⑨		△21,812	△26,181
10　その他⑩		△6,264	△2,562
財務活動によるキャッシュ・フロー		△33,760	41,170

　財務活動によるキャッシュ・フローには、営業活動と投資活動の結果としての「フリー・キャッシュ・フロー」が「マイナス（資金不足）」のときには、資金の追加補充が必要となります。この方法には、短期と長期の資金調達があります。短期の資金調達としては、短期借入れ①やコマーシャルペーパー収入②があり、長期の資金調達としての長期借入れ③、社債の発行⑤、新株予約権付社債の発行⑦および株式の発行などがあります。

　また、「フリー・キャッシュ・フロー」に「プラス（資金余剰）」があるときには、その資金を財務体質の改善のために支出することになります。この方法には短期借入金の返済①や長期の借入金の返済④および社債の償還⑥の支出、さらに自己株式の取得のための支出

⑧や配当金の支払額⑨などがあります。

６．キャッシュ・フロー計算書の「分析」を考える

　キャッシュ・フロー計算書の分析の基本は、まず、本業からの資金創出能力としての「営業活動よりのキャッシュ・フロー」の分析から始めます。この金額は、本業からの資金創出能力を示しているので、プラスであることが必要です。この金額が多いほど、企業の維持・運営をスムーズに行うことができます。

　この金額が、マイナスを示しているときには、本業以外の投資活動や財務活動でのキャッシュ・フローに助けを求めることになり、企業維持は短期的に可能であっても、長期的には困難となり、**企業倒産**に結びつくことになりかねません。したがって、積極的な資金回収に直結する販売活動や資金支出を抑える仕入・販売・管理活動に取り組み、本業による「営業活動よりのキャッシュ・フロー」をプラスにする努力が必要となります。

　「営業活動のキャッシュ・フロー」を基準にして、その他の「投資活動」および「財務活動」におけるキャッシュ・フローの相互関係を観察・分析することになります。各活動の相互関係を、活動別の金額に「＋」または「－」と表示すると、下表のように営業活動のキャッシュ・フローを「＋」の場合にはＡ－１タイプからＡ－４タイプの４つに、「－」の場合にはＢ－１タイプからＢ－４タイプの４つにそれぞれ分類できます。

キャッシュ・フロー	A－1	A－2	A－3	A－4	B－1	B－2	B－3	B－4
営業活動	＜	＋	の	場　合	＞ ＜	－	の 場　合	＞
投資活動	＋	＋	－	－	＋	＋	－	－
財務活動	＋	－	＋	－	＋	－	＋	－

　各タイプの特徴は次の通りと考えられます。その特徴をもとに、それぞれの活動の内容をより詳細に検討することが必要となります。

A　営業活動のキャッシュ・フローがプラスの場合

＜Ａ－１タイプ＞　３つの全活動から資金を集めています。次期以降に大型プロジェクトなどによる大規模な投資が行われることが考えられます。

＜Ａ－２タイプ＞　借入金の返済など財務活動の資金を、営業活動のみならず投資活動から調達して財務体質改善を図っていることが考えられます。

＜Ａ－３タイプ＞　投資活動への投資（特に設備投資など）を、営業活動と財務活動からの資金で行われていることが考えられます。

＜Ａ－４タイプ＞　本業の資金をフルに利用して、投資活動と財務活動を行っていることが考えられ、企業とって資金の無駄がなく最も望ましいタイプです。

B 営業活動のキャッシュ・フローがマイナスの場合

<B−1タイプ> 本業の資金不足を投資活動と財務活動で賄われていることが考えられます。

<B−2タイプ> 設備の売却など投資活動で得られた資金を、本業の資金にまわすとともに、借入金の返済などで財務体質改善を図っていることが考えられます。

<B−3タイプ> 十分な資金の借入れなどによって、本業の資金として利用するとともに積極的な投資活動が行われていることが考えられます。これは成長期の企業に多いタイプです。

<B−4タイプ> 前期までに蓄えられた資金をすべての活動で使うという企業にとって最も危険な状態と考えられます。

　シャープ（株）の場合には、前事業年度ではタイプA−4であり、当事業年度では、タイプA−3を示しており、問題はなさそう。

　ここでは、キャッシュ・フロー計算書の全体像を「実数分析」する方法を明らかにしましたが、その他に、キャッシュ・フロー比率を使用した分析方法もあります（第14章「財務諸表の分析」を学ぶ，137ページ参照のこと）。

第13章　「製造業」の財務諸表を学ぶ

この章の構成は次のとおり

1．「製造業」を考える　2．製造業における「売上原価」の内訳を考える

3．「製品製造原価」を考える　4．「原価計算」の手続きを考える

5．「総合原価計算」を考える　6．「個別原価計算」を考える

7．「標準原価計算」を考える

1.「製造業」を考える

　ここでは、商業の財務諸表を製造業のそれとを比較することで、製造業の特徴を見ていくことにします。

（1）商業における財務諸表

　商業または商品売買業では、他人が作った**製品**（これを**商品**といいます）を仕入れて、それを販売して利益を得る商売のことをいいます。

（例）1年間に 1,200 個を 1 個 1.5 千円で仕入れ、1年間に 1,000 個を@2 千円で

　　　売り上げたとします。また、1年間の販売費及び一般管理費は 200 千円とします。

①　損益計算書の作成

　上記の例から損益計算書を作成しましょう。損益計算書には、「売上高」として 1,000 個×@2 千円＝2,000 千円を、「売上原価」として 1,000 個×@1.5 千円＝1,500 千円を記載し、売上高から売上原価を控除した「売上総利益」は 500 千円、そこから販売費及び一般管理費 200 千円を控除して「営業利益」は 300 千円となります。

②　貸借対照表の作成

　上記の例から貸借対照表を作成しましょう。貸借対照表には、期末現在の商品棚卸高が棚卸資産としての「商品」として、記載されます。ここでは、200 個が売れ残っていますので、200 個×@1.5 千円＝300 千円となります。

　上記の例を使用して、損益計算書（一部）と貸借対照表を（一部）を、特に製造業との違いが明確な部分を中心に記載しています。

損益計算書	（単位：千円）		貸借対照表	（単位：千円）
売　上　高	2,000	:		
売　上　原　価	1,500	製　品	200	
売上総利益	500	:		
販売費及び一般管理費	200			
営　業　利　益	300			

（2）製造業における財務諸表

【貸借対照表】

区分	注記番号	前事業年度 （平成18年3月31日現在）		当事業年度 （平成19年3月31日現在）	
		金額（百万円）	構成比 （%）	金額（百万円）	構成比 （%）
（資産の部）					
I　流動資産					
：		：	：	：	
4　製品		36,132		44,996	
5　原材料		38,141		46,486	
6　仕掛品		67,673		105,950	
7　貯蔵品		8,350		6,955	
：				：	
II　固定資産					
1　有形固定資産					
：		：		：	
（3）機械及び装置		1,163,370		1,340,993	
減価償却累計額		△813,859	349,511	△912,928	428,065

【損益計算書】

区分	注記番号	前事業年度 （自平成17年4月1日 至平成18年3月31日）		当事業年度 （自平成18年4月1日 至平成19年3月31日）	
		金額（百万円）	百分比 （%）	金額（百万円）	百分比 （%）
I　売上高		2,283,109	100.0	2,595,470	100.0
II　売上原価		1,896,119	83.1	2,154,562	83.0
売上総利益		386,990	16.9	440,907	17.0
III　販売費及び一般管理費		254,516	11.1	297,198	11.5
営業利益		132,474	5.8	143,708	5.5
		：		：	

　製造業では、機械設備などを含む工場設備を使って、製品を製造して、その製品を販売して利益を得る商売をいいます。

> （例）機械設備を使って、1年間に製品1,200個が完成しました。その製品の製造に投入した原価（これを製品製造原価といいます）は1,800千円とします。製品1個当たりの製造原価（製品単価という）は、1,800千円÷1,200個＝1.5千円となります。この1,200個のうち1,000個を＠2千円で販売したとします。販売費及び一般管理費は200千円とします。

①　損益計算書の作成

　上記の例を使用して損益計算書を作成しましょう。損益計算書の「売上高」には、売価@2千円×販売量1,000個＝2,000千円、「売上原価」には@1.5千円（製品単価）×1,000個＝1,500千円となり、売上総利益は500千円となり、営業利益は300千円となります。また、貸借対照表には、当期に完成した製品1,200個のうちの200個が期末現在の製品棚卸高となっているので、その原価200個×@¥1.5千円＝300千円を棚卸資産としての「**製品**」（商業の場合には「**商品**」となります）として記載します。

②　貸借対照表の作成

　上記の例を使用して貸借対照表を作成しましょう。製造業の棚卸資産には、製品のほかに、**仕掛品**（製造途中のもの）、**材料**（当期の製品製造に投入されないで、次期以降の投入が予定されているもの）などがあり、商業のそれよりも広いことがわかります。固定資産の「**機械装置**」は、商業にはない製造業の特有な科目となっています。

　損益計算書（一部）と貸借対照表を（一部）を作成すると次のようになります。

損益計算書	（単位：千円）		貸借対照表	（単位：千円）
売　上　高	2,000		：	
売　上　原　価	1,500		製品	200
売　上　総　利　益	500		仕掛品	××
販売費及び一般管理費	200		材料	××
営　業　利　益	300		：	
			機械装置	××
			：	

2．製造業における「売上原価」の内訳を考える

区分	注記番号	前事業年度 （自平成17年4月1日 至平成18年3月31日）		当事業年度 （自平成18年4月1日 至平成19年3月31日）	
		金額（百万円）	百分比(%)	金額（百万円）	百分比(%)
Ⅰ　売上高		2,283,109	100.0	2,595,470	100.0
Ⅱ　売上原価					
1 製品期首たな卸高		41,894		36,132	
2 当期製品製造原価		1,000,613		1,096,075	
3 当期外注製品仕入高		896,088		1,071,221	
4 他勘定振替高		△6,345		△3,871	
合計		1,932,251		2,199,558	
5 製品期末たな卸高		36,132	1,896,119	44,995	2,154,562	83.0
売上総利益			386,990	16.9	440,907	17.0

　製造業も商業も、売上原価の概念は、売上高に対する原価であるということには変わりはありません。しかし、製造業では製品を作ったもの、商業では商品を仕入れるものを、

それぞれ販売することから、具体的な売上原価の計算方法は違ってきます。前例を使用して損益計算書で売上原価の内訳を示すと、その違いが一層わかります。

（製造業）

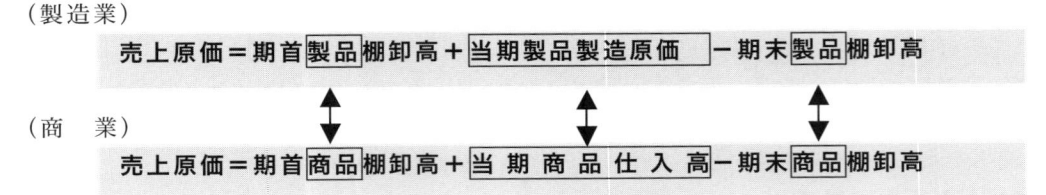

（商　業）

（製造業）	損益計算書	単位:千円	（商　業）	損益計算書	単位：千円
売上高		2,000	売上高		2,000
売上原価			売上原価		
期首製品棚卸高	0		期首商品棚卸高	0	
当期製品製造原価	1,800		当期商品仕入高	1,800	
合計	1,800		合計	1,800	
期末製品棚卸高	300	1,500	期末商品棚卸高	300	1,500
売上総利益		500	売上総利益		500

３．「製品製造原価」を考える

　製造業における損益計算書における売上原価の当期製品製造原価には、当期に完成した製品に集計された製造原価を記載することになります。製品製造原価の計算にあたっては、正しい計算が行われるために『**原価計算基準**』が設けられ、それに従うことが要請されています。

（１）原価の３要素と製品製造原価

　製品製造原価の構成要素として、材料費、労務費及び経費の３つがあります。これを**原価の３要素**といいます。**材料費**とは、製品製造のために材料の消費高をいい、製品の主要部分となります。**労務費**とは製品製造のために労働力の消費高をいい、賃金や給料などの人件費をいいます。**経費**とは製品製造のためのサービス（役務）などの消費高をいい、修繕料、外注加工賃、保険料、ガス水道代、事務用消耗品費、減価償却費などの材料費や労務費以外のものをいいます。

> 　（例）当期に材料費 800 千円、労務費 600 千円および経費 400 千円を製品製造のために投入して、製品 1,200 個が完成し、そのうち 1,000 個を販売したとします。

　上記の例によると当期製品製造原価は、材料費 800 千円＋労務費 600 千円＋経費 400 千円＝1,800 千円となります。**1 個当たりの製品原価**（これを**製品単価**といいます）は、1,800 千円÷1,200 個＝@1.5 千円と計算されます。この当期製品製造原価の計算結果の内

訳を示すために**製造原価報告書**（または**製造原価明細表**）が作成されます。次に製造原価報告書を作成してみました。

製造原価報告書	単位：千円
材　　料　　費	800
労　　務　　費	600
経　　　　　費	400
当 期 製 品 製 造 原 価	1,800

（2）仕掛品と製品製造原価

【製造原価明細表】

区分	注記番号	前事業年度 （自平成17年4月1日 至平成18年3月31日） 金額（百万円）	構成比 (%)	当事業年度 （自平成18年4月1日 至平成19年3月31日） 金額（百万円）	構成比 (%)
Ⅰ　材料費	※1	562,418	55.5	643,126	56.7
Ⅱ　労務費		132,283	13.1	133,202	11.7
Ⅲ　経費	※2	318,490	31.4	358,024	31.6
当期総製造費用		1,013,193	100.0	1,134,353	100.0
仕掛品期首たな卸高		55,093		67,673	
合計		1,068,286		1,202,026	
仕掛品期末たな卸高		67,673		105,950	
当期製品製造原価		1,000,613		1,096,950	

※　1　労務費のうち、賞与引当金繰入額は、前事業年度14,928百万円、当事業年度
15,085百万円である。

※　2　経費のうち、主なものは減価償却費（前事業年度141,168百万円、当事業年度
157,903百万円）である。

　上記（1）の例では、製品製造に投入した原価は、すべて完成したものを前提としています。現実には、すべて完成することは珍しく、期首や期末には、完成しないで製造途中の「**仕掛品**」が存在しています。期首や期末に仕掛品が存在したときのその原価を**仕掛品原価**といいます。製造業では、仕掛品原価の計算（これを**仕掛品の評価**といいます）が、最も面倒な計算手続となっています。

　仕掛品があるときの製造原価報告書では、当期材料費、当期労務費および当期経費を加えたものを**当期製造費用**といます。当期完成品原価（当期製品製造原価）は、当期製造費用に、期首現在の仕掛中の仕掛品原価（これを**期首仕掛品棚卸高**または**期首仕掛品原価**といいます）を加え、期末現在の仕掛中の仕掛品原価（これを**期末仕掛品棚卸高**または**期末仕掛品原価**といいます）を控除することで計算されます。

　当期製品製造原価＝期首仕掛品棚卸高＋当期（総）製造費用＊－期末仕掛品棚卸高

　＊　当期（総）製造費用＝当期材料費＋当期労務費＋当期経費

上記の例によると、製品製造原価は、当期（総）製造費用 1,800 千円（800 千円＋600 千円＋400 千円＝1,800 千円）に期首仕掛品棚卸高 100 千円を加え、期末仕掛品棚卸高 280 千円を控除した金額 1,620 千円となります。完成品単価は、1,620 千円÷I,200 個＝1.35 千円となります。この当期製品製造原価の計算結果の内訳を示すために製造原価報告書（または製造原価明細表）が作成すると、次のようになります。

製造原価報告書	単位：千円
材 料 費	800
労 務 費	600
経 費	400
当期（総）製造費用	1,800
期首仕掛品棚卸高	100
小計	1,900
期末仕掛品棚卸高	280
当期製品製造原価	1,620

4．「原価計算」の手続きを考える

　これまでは、1 種類の製品のみを製造し、すべてが完成するものとして考えていますので、完成品の製造原価の計算も簡単です。現実には、1 種類の製品のみではなく複数製品を製造しており、また製造途中の仕掛品も存在しています。
　製品原価の正しい計算のためには、費目別計算、部門別計算および製品別計算の 3 つの手続きにより行われます。

（1）費目別計算
　費目別計算とは、一定期間における原価要素を費目別に分類測定することをいいます。ここでいう費目別とは、原価を**発生形態別**に材料費、労務費および経費の 3 つに分類するもので、これは先に述べた**原価の 3 要素**と同じです。さらに費目別計算による原価要素は、発生原価が、各製品別に直接的に把握できる原価と複数製品の製造に共通的に発生する原価とに大別します。前者を**（製造）直接費**（直接材料費・直接労務費・直接経費）と（製造）間接費（間接材料費・間接労務費・間接経費）といいます。間接費は、共通費なので、各製品別の原価を計算するときには、各製品別に適当な基準基準により配分する（これを

（製造）間接費の配賦といいます）必要がでてきます。

（2）部門別計算

　部門別計算とは、費目別で把握された原価要素を、部門別に分類集計する手続きです。この部門別計算は、間接費の配賦を1回で終わらせて各製品別の製造原価を計算するのではなく、複数の原価部門を設け、その原価部門を通じて、間接費の配賦を何度か繰り返すことでより正確な各製品別の製造原価を計算するための手続きと考えておきます。ここでは、これ以上触れません。

（3）製品別計算

　製品別計算とは、原価要素を費目別に計算し、さらに部門別に計算したものを、最終的に各製品別に集計し、各製品別の製造原価と製品単価を計算する手続きです。

　製品別計算には、生産形態の違いにより、標準化・規格された製品を連続反復生産する**見込生産（市場生産）**と、顧客の注文に応じて個別的に製品を生産する**受注生産**に分かれます。前者の誠意品別計算にはは、**総合原価計算**が、後者のそれには、**個別原価計算**がそれぞれ適用されます。

5．「総合原価計算」を考える

（1）期末仕掛品の評価

　総合原価計算では、同種類の製品を連続反復生産するので、常時、原価要素を投入して、常時、完成するのですから、完成数量は把握できても、仕掛中の製品もあるので、製品製造原価を求めることは容易ではありません。そこで、通常1ヶ月単位（これを**原価計算期間**といいます）を基準として、まず、一定のルールにのっとり期末現在の仕掛品の金額（これを**期末仕掛品の評価**といいます）の計算からはじめます。

　総合原価計算での完成品原価は、**期首仕掛品棚卸高**（前期末に仕掛品として評価された金額）に期間中の材料費、労務費および経費の製造費用（投入原価）合計を加えて、その期末仕掛品の評価額を控除することで求められます。月末仕掛品の評価は、完成品原価の計算のみならず、貸借対照表の棚卸資産としての「仕掛品」の記載金額にも大きな影響を与えることになります。なお、仕掛品の評価方法については、**先入先出法**、**後入先出法**および**平均法**などがありますが、計算方法などはここでは触れません。

> ・完成品原価＝月初仕掛品棚卸高＋当月製造費用－ 月末仕掛品棚卸高
> ・完成品単価＝完成品原価÷完成品数量

（2）総合原価計算の種類

総合原価計算の種類に、単純総合原価計算、等級別原価計算、組別原価計算及び工程別総合原価計算などがあります。それぞれの総合原価計算には、それぞれの様式による総合原

価計算表が作成されます。

① 単純総合原価計算

単純総合原価計算は、1種類のものを同一工程で連続反復生産する製造業に当てはまります。

> **（例）** 当社では、1製品のみを連続反復生産をしており、当月完成品数量は 2,000 個です。月初仕掛品原価 10,000 円、当月の材料費 180,000 円、労務費 120,000 円、経費 90,000 円とします。月末に仕掛品の評価が行われ、その原価 20,000 円と計算されました。

上記の例での完成品原価は、月初仕掛品原価 10,000 円に当月製造費用（180,000 円＋120,000 円＋90,000 円）を加えて、月末仕掛品評価高 20,000 円を控除して 380,000 円となります。完成品単価は 380,000 円÷2,000 個＝190 円となります。この結果は、次の**単純総合原価計算表**に示されます。

単純総合原価計算表	
材　料　費	180,000 円
労　務　費	120,000 円
経　　　費	90,000 円
当月製造費用	390,00 円
月初仕掛品棚卸高	10,000 円
小計	400,000 円
月末仕掛品棚卸高	20,000 円
当月製品製造原価	380,000 円
当月完成数量	2,000 個
完成品単価	190 円

② 等級別総合原価計算

等級別総合原価計算は、1種類の製品のものを同一工程で連続反復生産するが、その製品の形状、大きさ、品位等によって等級に区別して原価を計算する製造業に当てはまります。

③ 組別総合原価計算

組別総合原価計算は、異なった種類の製品を、同一工程で連続反復生産する製造業に当てはまります。

④ 工程別総合原価計算

工程別総合原価計算は、連続する複数の工程を経て製品原価を計算する製造業に当てはまります。

6.「個別原価計算」を考える

（1）個別原価計算

　個別原価計算は、顧客の注文に応じて種類や規格の異なる製品を個別に製造する製造業に適用される原価計算です。個別原価計算では、受注した製品別（これ製造指令書を**特定製造指図書**といいます）に**原価計算表**（または**原価計算票**）を作成して原価を計算することになります。

　なお、個別原価計算における完成品原価は、期間中に完成した原価計算表の原価合計となり、月末仕掛品原価は、月末現在、仕掛中の原価計算表の原価合計となります。

（2）製造間接費の配賦

　個別原価計算の特徴は、複数の注文を同時に製造を行っているときに、製品ごとに直接発生している直接費（直接材料費、直接労務費および直接経費）の把握にはあまり問題はでないのですが、複数の製品に共通に発生している製造間接費（間接材料費、間接労務費および間接経費）には、各製品に適当な**配賦基準**をもって配賦する手続きが必要となります。製造間接費の配賦方法には、配賦基準に何を使用するかにより**直接材料費法**、**直接労務費法**、**直接作業時間法**、**機械運転時間法**などがあります。

（例）当社では、2種類の製品X（当月完成）と製品Y（来月完成）を受注生産しています。各製品の（製造）直接費は次の通りです。また、共通に発生している製造間接費は16,000円です。製造間接費は直接作業時間を基準に各製品に配賦することにします。

	製 品 X	製 品 Y
直 接 材 料 費	50,000 円	28,000 円
直 接 労 務 費	25,000 円	15,000 円
直 接 経 費	5,000 円	2,000 円
直 接 作 業 時 間	2,000 時間	1,200 時間

　上記の例により、製品Xと製品Yの個別原価計算表を作成すると次のようになります。

個 別 原 価 計 算 表			
	製 品 X	製 品 Y	合 計
直 接 材 料 費	50,000 円	8,000 円	58,000 円
直 接 労 務 費	25,000 円	5,000 円	30,000 円
直 接 経 費	5,000 円	2,000 円	7,000 円
製 造 間 接 費 配 賦 額	10,000 円	6,000 円	16,000 円
製 造 原 価	90,000 円	11,000 円	101,000 円
	（完 成）	（仕掛中）	

＜製造間接費配賦額の計算＞
　　・配賦率　　16,000 円÷（2,000 時間+1,200 時間）＝5 円／時間
　　・配賦額　　（製品 X ）　　2,000 時間×5 円／時間＝10,000 円
　　　　　　　　（製品 Y ）　　1,200 時間×5 円／時間＝6,000 円

7．「標準原価計算」を考える

【製造原価明細表】
原価計算の方法：材料については標準仕様量及び予定価格を、また、労務費及び経費について
は、予定操業度に基づいた予定賃率を用い、これに単位製品の予定作業時間を乗じたいわゆる
原価計算基準にいう現実的標準原価（予定減価）をもって計算している。なお、期末において
は、予定原価と実際原価との差額を調整して実際原価に修正している。（シャープ（株）「製造
原価明細表」より。

（1）実際原価計算制度

　これまでの製品原価の計算は、実際に発生した原価（これを**実際原価**といいます）を集
計したものです。この実際原価をもとに複式簿記に組入れられて、その記録をもとに損益
計算書や貸借対照表が作成されます。この一連の計算制度を**実際原価計算制度**といいます。

（2）標準原価計算制度

　あらかじめ原価の達成目標として設定した**原価標準**（製品単位当たりの標準原価）を設
定しておき、完成品数量や月末数量を乗ずることにより、**標準原価**による完成品原価や仕
掛品原価が簡単に求まります。これを複式簿記に組入れて、その記録に基づいて損益計算
書や貸借対照表も作成することができます。この一連の計算制度を**標準原価計算制度**とい
います。
　この標準原価計算制度のもとでは、財務諸表を作成でき、計算の迅速化や記帳の簡略化
をはかることができます。標準原価計算を用いる最大の目的は**原価管理目的**に役立たせる
ことです。当期の実際投入量に原価標準を乗じた標準原価と当期の実際投入量に実際単価
を乗じて計算した実際原価を比較することで原価差異を計算でき、その差異の原因を分析
することで、作業の無駄や不能率を発見し、それを改善に役立たせることができます。
　次に標準原価計算制度のもとでの損益計算書は次のようになります。

損　益　計　算　書

売　上　高		×××
売　上　原　価		
期首 製品標準 棚卸高	×××	
当期 製品標準 製造原価	×××	
合計	×××	
期末 製品標準 棚卸高	×××	
標準売上原価	×××	
標準原価差異	×××	×××
売上総利益		×××

第14章　「グループ企業の財務諸表」を学ぶ

> **この章の構成は次のとおり**
> 1.「連結財務諸表」を考える　2.「連結範囲」を考える　3.「連結貸借対照表」を考える
> 4.「連結損益計算書」を考える　　5.「連結キャッシュ・フロー計算書」を考える
> 6.「連結財務諸表の分析」を考える

1.「グループ企業」の財務諸表を考える

　個々の企業が集まってグループを構成することがあります。これをグループ企業といいます。グループ企業は、グループ企業の財務諸表（これを**連結財務諸表**といいます）を作成して、グループ企業の財政状態や経営成績を明らかにします。グループ企業の中核をなす企業を**親会社**といい、親会社の支配を受けている企業を**子会社**といいます。親会社や子会社は個別に財務諸表（これを**個別財務諸表**または**単体財務諸表**といいます）を作成しています。連結財務諸表は、親会社が親会社の個別財務諸表をもとに、子会社の個別財務諸表を総合して作成することになります。

2.連結財務諸表の対象となる「子会社」を考える

　親会社が作成する連結財務諸表には、原則として、親会社と親会社の支配を受けているすべての子会社の個別財務諸表が対象となります。親会社の支配が一時的である子会社や有効な支配従属関係が見られない更生会社、整理会社、破産会社などの子会社の個別財務諸表は連結の対象とはなりません。

　連結の対象となる子会社とは、親会社により議決権の過半数（50％超）を実質的に所有している会社（これを**持株（比率）基準**といいます）のときや議決権が50％以下であっても、その会社の意思決定機関を支配している一定の事実が明らかとなっている会社（これを**支配力基準**といいます）です。

　純然たる子会社であっても、その資産や売上高等を考慮して、グループ企業の財政状態や経営成績の判断に影響を与えない程度に重要性に乏しいと判断された子会社（これを**小規模子会社**という）も連結の対象とはなりません。

　シャープ（株）では、注記に、当事業年度の連結子会社は47社、前事業年度は50社で

ある旨の記載がされています。

3．「連結貸借対照表」を考える

　連結貸借対照表は、グループ企業の財政状態を明らかにするために、親会社が他の会社を支配するに至った日（これを支配獲得日といいます）における親会社と子会社の個別貸借対照表を基礎として、それを合算することで作成されています（これを**個別財務諸表基準性の原則**といいます）。

　次に、連結貸借対照表の様式を記載しましたが、個別貸借対照表とほとんど変わりはありません。

区分	注記番号	前事業年度 （平成18年3月31日現在）		当事業年度 （平成19年3月31日現在）	
		金額（百万円）	構成比（%）	金額（百万円）	構成比（%）
（資産の部） ：		：		：	
Ⅱ　固定資産					
1 有形固定資産		：		：	
2 無形固定資産 ：					
のれん（連結調整勘定）		×××		×××	
： 　3 投資その他の資産 ：		：		：	
資産の部合計		2,560,299	100.0	2,968,810	100.0

区分	注記番号	前事業年度 （平成18年3月31日現在）		当事業年度 （平成19年3月31日現在）	
		金額（百万円）	構成比（%）	金額（百万円）	構成比（%）
（負債の部） ：		：		：	
Ⅱ　固定負債		：		：	
のれん（連結調整勘定） ：		×××		×××	
負債合計		1,452,655	56.8	1,776,605	59.8
（純資産の部） Ⅰ　株主資本 ：		：		：	
Ⅱ　評価・換算差額等 ：		：		：	
Ⅲ　少数株主持分		8,734	0.3	9,078	0.3
純資産合計		1,107,644	42.6	1,192,205	40.2
負債・純資産合計		2,560,299	100.0	2,968,810	100.0

※前事業年度の『資本の部』等は、『純資産の部』に読み替え表示している。

　連結貸借対照表は、まず、親会社の個別貸借対照表と子会社の個別貸借対照表を総合して作成されていますが、次の処理が行われていることに留意してください。

> ①　親会社の「投資」勘定と子会社の「純資産（資本）」勘定の相殺消去する前に、子会社の貸借対照表の資産と負債を公正な評価額（時価）で評価換えすることになっています。したがって、連結貸借対照表の資産と負債における子会社相当分は時価となります。

　子会社の資産および負債の評価は、①支配獲得日またはその後の株式の取得日ごとに子会社の資産と負債のうち親会社に相当する部分についてのみ、時価により評価する**部分時価評価法**と②支配獲得日において、子会社の資産と負債をすべて時価により評価する**全面時価評価法**の２つがあり、いずれかの方法を採用することになっています。

　シャープ（株）では注記により全面時価評価法を採用している旨の記載がされています。

> ②　親会社の「投資」勘定と子会社の「純資産（資本）」勘定の相殺消去をします。相殺消去の際の差額をのれん（連結調整勘定）として連結貸借対照表に記載します。なお、のれん（連結調整勘定）が借方の場合には、固定資産の部の無形固定資産として、のれん（連結調整勘定）が貸方の場合には、純資産の部に独立科目として記載します。

　子会社の資産と負債を時価評価するということは、その差額である「資本」は時価を表しています。親会社の「投資」を子会社の「資本」を相殺消去すると差額が生ずることがあります。この差額を**のれん（連結調整勘定）**といいます。

　子会社の「純資産（資本）」の金額よりも相殺消去される親会社の「投資」の金額が多いときの差額を表すのれん（連結調整勘定）は、無形固定資産のプラスの「のれん（営業権）」と同様に、資産の部の「無形固定資産」として記載します。

　逆に、子会社の「純資産（資本）」よりも親会社の「投資」が少ないときの差額を表すのれん（連結調整勘定）は、マイナスの「のれん（連結調整勘定）」（利益の繰延）として「純資産」の部に計上することになります。

　こののれん（連結調整勘定）は、原則として、計上後 20 年以内に、定額法その他の合理的な方法で償却することになっています。「のれん（連結調整勘定）」を連結貸借対照表に記載するときは、償却後の金額を記載することになります。

　子会社ごとののれん（連結調整勘定）が「資産」や「負債」として別々に記載することにもありますが、通常、「資産」または「負債」として、相殺した差額のみを一括して計上します。なお、少額なのれん（連結調整勘定）は、重要性の原則により、それが生じた期の費用または収益として記載してもいいことになっています。

　なお、シャープ（株）では、のれん（連結調整勘定）の表示が見当たりませんが、注記に、重要性の原則の適用で、少額な「のれん（連結調整勘定）」として損益処理している旨の記載がされています。

　親会社が子会社の純資産（資本）を100％所有しているときには少数株主は存在しません。100％未満の時には、親会社以外の少数株主が存在することになります。子会社の純資産（資本）のうち、親会社に帰属しない純資産（資本）部分を「**少数株主持分**」といいます。

　部分時価評価法を採用したときの少数株主持分に相当する資産や負債は、時価評価の対象となっていないため、少数株主持分は、子会社の個別貸借対照表のままとなります。全面時価評価法を採用したときには、少数株主持分についても結果的に時価評価されることになります。

　少数株主持分の表示は、「負債」のように支払義務もないため、連結特有なものとして、資産でも負債でもないその差額を表す「純資産の部」に独立して記載することになります。

　なお、旧規定では「負債の部」と「資本の部」の中間に記載していました（添付資料のシャープ（株）の前事業年度の貸借対照表を参照のこと）。前記のシャープ（株）の資料において、前事業年度の「資本の部」は、当事業年度との比較のために、「純資産の部」として変更表示しています。

　株式取得後または支配獲得日後に生じた子会社の剰余金のうち親会社相当分は親会社の「利益剰余金」に、また、少数株主持分相当分は「少数株主持分」に加算して連結貸借対照表に記載しています。

　株式取得時または支配獲得日における子会社の剰余金については、親会社相当分については、子会社への「投資」勘定と相殺消去の対象となります。少数株主相当分については、そのまま少数株主持分として処理します。

　連結貸借対照表を作成にあたり、親会社と子会社および子会社相互間（これを**連結会社相互間**という）に同一取引に基づく債権（受取手形・売掛金・貸付金・未収金）・債務（支払手形・買掛金・借入金・未払金）があるときには、これらを相殺消去しなければなりません。相殺消去する債権・債務には、法律上の確定債権・債務に限らず、経過勘定（前払費用、未収収益、未払費用および前受収益）も相殺消去の対象となります。

　連結会社相互間の受取手形や売掛金の営業債権や貸付金などの営業債権以外の債権については、すでに貸倒引当金が設定されています。相殺消去分に相当する分の貸倒引当金が

過大計上されていますので、当然、減額処理が必要になります。

> ⑥ 連結貸借対照表で記載されている「商品や製品」のうち、連結会社相互間に関するもの
> は未実現利益相当額を控除した金額となっています。「固定資産」についても同様な処
> 理がなされています。

　未実現利益の除去処理についての具体的な説明は，次の「４．連結損益計算書を考える」
のところで行っています。

> ⑦ 連結貸借対照表には、非連結子会社や関連会社の「投資」が独立表示されています。その
> 投資の金額は、連結決算時において持分法を適用して、修正することになっています。

　持分法とは、投資会社が非投資会社の純資産および損益のうち投資会社に帰属する部分
の変動に応じて、各期ごとに、その投資勘定を修正する方法をいいます。連結子会社のよ
うに投資勘定を相殺消去することはありません。これによって、連結をしたときと同じ利
益を計算することができます。
　非連結子会社とは、重要性の原則などで連結除外の子会社のことです。また、**関連会社**
とは、親会社または連結された子会社（これを**連結会社**といいます）が、議決権の 20％以
上 50％以下を、継続的に、実質的に所有しているときで、人事、資金、技術、取引等の関
係を通じて、子会社以外の他の会社の財務や営業の方針決定に重要な影響を与えることが
できる会社をいいます。
　シャープ（株）での持分法適用会社については、注記により、前事業年度も当事業年度
も、非連結子会社 1 社および関連会社 10 社である旨の記載がされています。

４．「連結損益計算書」を考える

　連結損益計算書は、グループ企業の経営成績を明らかにするために、親会社および子
会社の個別損益計算書を基礎として作成しています（これを**個別財務諸表基準性の原則**と
いいます）。
　次に、連結損益計算書の様式を記載しましたが、個別損益計算書とほとんど変わりはあ
りません。

① 【損益計算書】

区分	注記番号	前事業年度 (自平成17年4月1日 至平成18年3月31日) 金額（百万円）	百分比(%)	当事業年度 (自平成18年4月1日 至平成19年3月31日在) 金額（百万円）	百分比(%)
Ⅰ 売上高		2,797,100	100.0	3,127,771	100.0
Ⅱ 売上原価		2,165,126	77.4	2,414,592	77.2
売上総利益		631,983	22.6	713,179	22.8
Ⅲ 販売費及び一般管理費		：		：	
のれん償却又は 連結調整勘定償却	×××			×××	
	：	468.273	16.7	： 526,648	16.8
営業利益		163,710	5.9	186,531	6.0
Ⅳ 営業外収益		：		：	
のれん償却又は 連結調整勘定償却	×××			×××	
持分法による 投資利益	1,023			612	
	：	32,129	1.1	： 25,185	0.8
Ⅴ 営業外費用		54,209	2.4	31,232	1.2
	：			：	
持分法による 投資損失	×××			×××	
	：	44,987	1.6	： 41,132	1.3
経常利益		150,852	5.4	170,584	5.5
	：			：	
税金等調整前 当期純利益		140,018	5.0	158,295	
法人税、住民税 及び事業税	50,073			51,264	
法人税等調整額	608	50,681	1.8	4,607	55,871	1.8
少数株主利益		666	―	707	―
当期純利益		88,671	3.2	101,717	3.3
	：				

　親会社の個別損益計算書をもとに子会社の個別貸借対照表を総合して連結損益計算書を作成しますが、次の処理が行われていることに留意してください。

> ①　連結会社相互間取引高を相殺処理しますので，連結損益計算書には，グループ企業以外の取引で発生した損益が記載されています。

　連結会社相互間で行われた売上高と仕入高やその他の取引によって生じた科目は、グループ企業としては内部取引になり、相殺消去することになります。同様に、連結会社相互間の取引としての受取手数料と支払手数料、受取利息と支払利息なども相殺消去されることになります。したがって、連結損益計算書では、グループ企業以外の取引で発生した損益が記載されています。

② **連結会社相互間で取得した資産（棚卸資産や固定資産などその他の資産）に含まれる未実現損益を消去処理しなければなりません。**

　親会社と子会社相互間で取得した資産（棚卸資産や固定資産などその他の資産）に含まれる未実現損益は、その全額を消去しなければなりません。その未実現損益の消去方法には、親会社が子会社に資産等を売却したとき（これを**ダウンストリーム**といいます）と子会社が親会社に資産等を売却したとき（これを**アップストリーム**といいます）と異なることになります。なお、未実現損益の金額に重要性が乏しい場合には、これを消去しなくてもいいことになっています。

　ダウンストリームにおける未実現損益の消去は親会社が全額負担します。これを**全額消去・親会社負担方式**といいます。アップストリームにおける未実現損益の消去は親会社と少数株主の持分比率に応じて負担します。これを**全額消去・持分比率負担方式**といいます。

③ **連結損益計算書の独特の表示項目として、イ.「少数株主持分損益」、ロ.「のれん（連結調整勘定）償却額」およびハ.「持分法による投資損益」があります。**

③-イ. **少数株主持分損益は、法人税等控除後当期純利益の下に記載します。**

　「税金等調整前当期純利益」から「法人税等」を控除した「法人税等控除後当期純利益」のうちの少数株主相当分を、「少数株主損益」として独立して表示しています。最終行の「当期純利益」は、親会社相当分の「当期純利益」を意味しています。

③-ロ. **資産の部に計上されたのれん（連結調整勘定）の償却は、損益計算書の営業外費用として、負債の部に計上されたのれん（連結調整勘定）の償却は、営業外収益としてそれぞれ記載します。**

　のれん（連結調整勘定）は、原則として計上後 20 年以内に、定額法その他の合理的な方法で償却しなければなりません。この償却額を「**のれん（連結調整勘定）償却額**」として連結損益計算書に記載します。なお、資産の部に計上したときののれん（連結調整勘定）の償却額は、「営業外費用」として、負債の部に計上したときののれん（連結調整勘定）の償却額は、「営業外収益」として、それぞれ記載します。

③-ハ. **持分法による投資を増加させたことによる持分法投資利益は、損益計算書の営業外収益に記載します。また、持分法による投資を減少させたことによる持分法投資損失は、営業外費用に記載します。**

　持分法による投資損益とは、投資会社が、投資の日以降における非投資会社の利益または損失のうち、投資会社の持分に相当する額を算定することになります。この算定額は、連結貸借対照表の「投資」の額に増減させるとともに、連結損益計算書に「持分法適用に

よる投資損益」として記載します。「投資」を増額させたものは、連結損益計算書では「**持分法による投資利益**」として「営業外収益」の区分に、「投資」の額を減額させたものは、「**持分法による投資損失**」として「営業外費用」の区分に、それぞれ一括して表示します。

5.「連結キャッシュ・フロー計算書」を考える

連結キャッシュ・フロー計算書は、グループ企業の一会計期間におけるキャッシュ・フローの状況を報告するために作成される。

連結キャッシュ・フロー計算書の表示は、第 12 章において学んできた個別ベースでの「キャッシュ・フロー計算書」とほぼ同様に行われます。個別ベースでのキャッシュ・フロー計算書と比較して、連結キャッシュ・フロー計算書への表示上の特徴を述べると次のようになります（表中の①と②の部分がこれにあたります）。なお、直接法による「営業活動によるキャッシュ・フロー」では、個別ベースのキャッシュ・フロー計算書と同じです。

区分	注記番号	前事業年度 （自平成 17 年 4 月 1 日 至平成 18 年 3 月 31 日） 金額（百万円）	当事業年度 （自平成 18 年 4 月 1 日 至平成 19 年 3 月 31 日在） 金額（百万円）
Ⅰ　営業活動によるキャッシュ・フロー		：	：
のれん（連結調整勘定）償却額①		×××	×××
持分法による投資利益①		△×××	△×××
：		：	：
営業活動によるキャッシュ・フロー		263,753	314,352
Ⅱ　投資活動によるキャッシュ・フロー		：	：
連結範囲の変更を伴う子会社 　　　　　　　株式の取得②		△×××	△×××
連結範囲の変更を伴う子会社 　　　　　　　株式の売却②		×××	×××
：		：	：
財務活動によるキャッシュ・フロー		△229,386	△328,789
Ⅲ　財務活動によるキャッシュ・フロー		：	：
：		：	：
財務活動によるキャッシュ・フロー		△33,760	41,170
Ⅳ　現金及び現金同等物に係る換算差額		3,393	463
Ⅴ　現金及び現金同等物の増加額		4,000	27,196
Ⅵ　現金及び現金同等物の期首残高		296,312	299,466
Ⅶ　新規連結に伴う現金及び現金同等物の増加額		0	2,583
Ⅷ　合併等に伴う現金及び現金同等物の増加額		154	41
Ⅵ　現金及び現金同等物の期末残高		299,466	329,286

① 間接法による「営業活動によるキャッシュ・フロー」には、営業外収益として計上した「のれん（連結調整勘定）償却」や「持分法による投資利益」が、記載されています。

これらは、キャッシュ・フローの支出を伴うことなく「税金等調整前当期純利益」の中に含まれています。「復元営業利益」を求めるために、これらを加減し、利益を実際のキャッシュ・フローに修正することができます。

② 連結の範囲の変動に伴う子会社株式の取得又は売却があるときには、この影響額を「投資活動によるキャッシュ・フロー」の区分に独立して記載することになります。

新たに連結子会社となった会社の「現金及び現金同等物」の金額は、株式取得時による支出額から控除し、また連結子会社でなくなった会社の「現金及び現金同等物」の金額は、株式売却による収入額から控除して記載することになります。

③ 連結相互間のキャッシュ・フローは、連結キャッシュ・フロー計算書では、相殺消去されるので、その金額だけ少なく表示されています。

連結相互間の商品売買などに伴う「営業収入」と「営業支出」、有価証券や固定資産などの「売却収入」と「購入支出」、借入や貸付などによる「収入」と「支出」などは相殺消去されます。

④ 「少数株主持分への配当への支払額」は、財務活動によるキャッシュ・フローの区分で記載されます。

6.「連結財務諸表の分析」を考える

連結財務諸表の分析は、基本的には個別財務諸表の分析の考え方を応用することになります。ただ、連結財務諸表はグループ企業に含まれる企業の状況に影響を受けることから、特に親会社の個別財務諸表の分析結果と連結財務諸表の分析結果を比較することが必要となります。このために使用される方法には、親会社の個別財務諸表の金額や算出された比率を、グループ企業としての連結財務諸表の金額や算出された比率とを比較して、その倍率を求める「**連単倍率**」を用います。

また、グループ企業の特徴をみるためには、連結財務諸表に事業所別、所在地別、海外事業別などが記載されているので、それらとの比較をすることが必要となります。

なお、詳しくは、財務諸表分析については、第15章「『財務諸表の分析』を学ぶ」を参照してください。

第15章　「財務諸表の分析」を学ぶ

1.「財務諸表分析」を考える

　　財務諸表分析とは、**経営分析**ともよばれ、企業が公表している貸借対照表、損益計算書およびキャッシュ・フロー計算書などの財務諸表を使用して、その企業の経営成績、財政状態およびキャッシュ・フローの良否や適否を観察分析し、企業内外の利害関係者の意思決定に役立たせることです。

　　企業外部者（株主や社債権者などの投資家、金融機関や取引先などの債権者、国や地方自治体および一般消費者など）が財務諸表を分析することを**外部財務諸表分析**といい、**企業内部者**（経営者や経営管理者など）が行うと**内部財務諸表分析**といいます。

　　財務諸表分析値の計算方法には、財務諸表の金額（または数量）をそのまま使用して観察分析する方法である**実数分析法**と財務諸表の異なる項目の2つの金額を百分比（パーセント）に加工したものを使用する**比率分析法**とがあります。

　　財務諸表分析値は、数値それ自体で良否または適否の判定を行うことがありますが、一般には①前期と今期との分析数値あるいは過去数年間の分析数値とを比較して良否または適否の改善度や改悪度を観察分析するのに役立つ**期間比較法**、②同業他企業との分析数値とを比較して、他企業との良否や適否の優劣を観察分析する**企業間比較法**、③業種平均値とを比較して、業種全体との良否や適否の優劣を観察する**業種平均比較法**の3つの方法を使って良否または適否の判定を行います。なお、内部財務諸表分析では、企業が独自に設定した目標値とを比較する**目標値比較法**もあります。

　　分析目的（内容）の違いにより財務諸表分析を①企業に収益力（利益獲得力）があるかを分析する**収益性の分析**、②企業の債務支払能力があるかを分析する**安全性の分析**、③企業の生産性の向上と配分を分析する**生産性の分析**、④企業の成長性（将来性）を分析する**成長性の分析**および⑤企業資金の合理的な調達と運用を分析する**キャッシュ・フローの分析**の5つに分けることができます。

２．「分析資料」を考える

　身近な財務諸表の入手方法は、官報や日刊新聞に記載された要約貸借対照表と要約損益計算書の**決算公告**です。

　決算公告以外の財務諸表の入手方法は、ほとんどの企業のＨＰにおいて「**IR 情報（投資家情報）・企業情報**」から、株主向けの「**事業報告書**」の「**財務諸表**」（これは商法施行規則に基づいて作成されています）からです。巻末資料に、アサヒビール株式会社の事業報告書における財務諸表を記載しています。

　また、同様なものに、**金融商品取引法（旧証券取引法）**に基づいて**作成される有価証券報告書**があります。有価証券報告書における財務諸表（これは財務諸表等規則に基づいて作成されています）は、その報告書の「経理の状況」のなかに記載されています。有価証券報告書は、市販されており、政府刊行物販売所または大きな書店で買い求めることができますが、ほとんどの企業におけるＨＰの「IR 情報（投資家情報）・企業情報」の「有価証券報告書」のなかで公開されております。アサヒビール株式会社もＨＰで公開しております。

　また、企業間比較や業種平均比較に使用する資料も必要となります。この資料としては、大企業では、経済産業省編『**わが国企業の経営分析**』、三菱総合研究所編『**企業経営の分析**』、日本経済新聞社編『**日経経営指標**』などがあります。また中小企業では、中小企業庁編『**中小企業の経営指標**』・『**中小企業の原価指標**』、TKC 全国会計システム委員会編『**TKC 経営指標**』などがあります。

３．財務諸表の「概観分析」を考える

　財務諸表の**概観分析**とは、財務諸表の主要な項目を中心に、百分率（比）財務諸表を作成し、企業の重点項目や問題項目を見た目で分析することです。貸借対照表の概観分析には、貸借対照表の主要な項目が、総資産または総資本に占める割合を一覧表にした**百分率（比）貸借対照表**と、損益計算書の概観分析には損益計算書の主要項目が売上高に占める割合を一覧表にした**百分率（比）損益計算書**、営業活動よりのキャッシュ・フローに占める割合を一覧表にした**百分率（比）キャッシュ・フロー計算書**などを作成します。また、前期と今期の２期間の百分率（比）財務諸表を作成して比較を行うと、各項目の良否や適否の改善改悪度がわかります。

　ここでは、シャープ（株）の（要約）百分率（比）貸借対照表と（要約）百分率（比）損益計算書を作成すると次のようになります。同様に、連結貸借対照表でも作成できます。

シャープ（株）		百分率（比）貸借対照表			（%）
科　目	前事業年度	当事業年度	科　目	前事業年度	当事業年度
（資産の部）			（負債の部）		
当座資産	32.7	34.0	流動負債	42.2	41.4
棚卸資産	7.1	8.5	固定負債	8.1	12.8
その他の流動資産	6.7	6.2	負債合計	50.3	54.0
流動資産合計	46.5	48.7	（純資産の部）		
有形固定資産	36.8	35.0	資本金	9.7	8.5
無形固定資産	2.0	2.1	資本剰余金	12.4	10.5
投資その他の資産	15.7	14.0	利益剰余金	27.6	36.8
固定資産合計	53.5	51.1	自己株式	△1.3	△1.1
繰延資産合計	—	0.3	株主資本合計	48.4	45.0
			株主資本以外の項目	1.3	—
			純資産合計	49.7	46.0
資産合計	100.0	100.0	負債・純資産合計	100.0	100.0

シャープ（株）		百分率（比）損益計算書			（%）
科　目	前事業年度	当事業年度	科　目	前事業年度	当事業年度
売上原価	83.1	83.0	売上高	100.0	100.0
売上総利益	16.9	17.0			
	100.0	100.0		100.0	100.0
販売費及び一般管理費	11.1	11.5	売上総利益	16.9	17.0
営業利益	5.8	5.5			
	16.9	17.0		16.9	17.0
営業外費用	2.4	1.2	営業利益	5.8	5.5
経常利益	6.0	5.7	営業外収益	2.6	1.4
	8.4	6.9		8.4	6.9
特別損失	0.5	0.6	経常利益	6.0	5.7
税引前当期純利益	5.5	5.2	特別利益	—	0.1
	6.0	5.8		6.0	5.8
法人税等（含む法人税等調整額）	1.8	1.6	税引前当期純利益	5.5	5.2
当期純利益	3.7	3.6			
	5.5	5.2		5.5	5.2

4．「収益性」の分析を考える

　収益性の分析とは、投下資本に対するリターン（獲得利益額）の大きさから企業の利益（収益）獲得能力を分析することです。この分析には、「利益」を「資本」で除して計算する**資本利益率**を使用します。この利益率は、高いほど収益性が良好と判断します。

$$資本利益率 = \frac{利\quad益}{資\quad本} \times 100$$

資本利益率は、下に示したように売上高利益率と資本回転率に分解されることから、**総合収益性の分析**ともいわれます。資本利益率の良否の原因分析として売上高利益率と資本回転率を使用します。

$$\underset{(資本利益率)}{\frac{利\quad益}{資\quad本}} = \underset{(売上高利益率)}{\frac{利\quad益}{売\quad上\quad高}} \times \underset{(資本回転率)}{\frac{売\quad上\quad高}{資\quad本}}$$

（1）資本利益率の分析

資本利益率は、投下資本に対する獲得利益の割合で、投下資本 1 円当たりの利益額を表しています。この分析には、年間利益額を**期末資本有高**（正式には「（期首資本＋期末資本）÷2＝**資本平均有高**」を使用します）で除して計算する資本利益率を使用します。なお、本章での計算は、期末資本有高を用いて計算しています。

$$資本利益率 = \frac{各\quad種\quad利\quad益}{各種期末資本（または資本平均有高）} \times 100$$

資本利益率には、投下資本の種類の違いにより、総資本利益率、自己資本利益率、資本金利益率があります。

① 総資本利益率の分析

総資本利益率は、総資本収益性をみるもので、分母に総資本期末有高（平均有高）を使用して、分子の利益の違いにより総資本（売上）総利益率、総資本営業利益率、総資本経常利益率および総資本当期純利益率などがあります。

シャープ（株）における総資本利益率を計算すると、次のようになります。

比率名	前事業年度		当事業年度	
総　資　本 （売上）総利益率	$\dfrac{386,990}{2,110,839}$	×100 ＝18.3%	$\dfrac{440,907}{2,418,592}$	×100 ＝18.2%
総　資　本 営業利益率	$\dfrac{132,474}{2,110,839}$	×100 ＝6.3%	$\dfrac{143,708}{2,418,592}$	×100 ＝5.9%
総　資　本 経常利益率	$\dfrac{137,114}{2,110,839}$	×100 ＝6.5%	$\dfrac{147,144}{2,418,592}$	×100 ＝6.1%
総　資　本 当期純利益率	$\dfrac{83,954}{2,110,839}$	×100 ＝4.0%	$\dfrac{92,808}{2,418,592}$	×100 ＝3.8%

② 自己資本利益率の分析

自己資本利益率は、自己資本収益性をみるもので、分母に自己資本期末有高（平均有高）を使用して、分子の利益の違いにより、主なものとして自己資本営業利益率、自己資本経常利益率および自己資本当期純利益率などがあります。

シャープ（株）における自己資本利益率を計算すると、次のようになります。

比率名	前事業年度		当事業年度	
自己資本 営業利益率	$\dfrac{132,474}{1,049,434}$	×100 =12.6%	$\dfrac{143,708}{1,111,694}$	×100 =12.9%
自 己 資 本 経常利益率	$\dfrac{137,114}{1,049,434}$	×100 =13.1%	$\dfrac{147,144}{1,111,694}$	×100 =13.2%
自己資本 当期純利益率	$\dfrac{83,954}{1,049,434}$	×100 =8.0%	$\dfrac{92,808}{1,111,694}$	×100 =8.3%

③ 資本金利益率の分析

資本金利益率は、払込資本収益性をみるもので、分母に資本金期末有高（平均有高）を使用して、分子の利益の違いにより、主なものとして資本金経常利益率および資本金当期純利益率などがあります。

シャープ（株）における資本金利益率を計算すると、次のようになります。

比率名	前事業年度		当事業年度	
資 本 金 経常利益率	$\dfrac{137,114}{204,675}$	×100 =67.0%	$\dfrac{147,144}{204,675}$	×100 =71.9%
資 本 金 当期純利益率	$\dfrac{83,954}{204,675}$	×100 =41.0%	$\dfrac{92,808}{204,675}$	×100 =45.3%

（2）売上高利益率の分析

売上高利益率は、売上高に対する利益の割合で、売上高1円に含まれる利益のことである。利益は利幅（マージン）のことなので、この利益率が高いほどマージンが大きく収益性は良好であると判断されます。売上高利益率には、分子に使用される利益の違いにより各種の売上高利益率があります。

$$売上高利益率 = \frac{各\ 種\ 利\ 益}{売\ 上\ 高} \times 100（\%）$$

なお、売上高利益率の良否の原因分析には、売上高各種費用率をみることになります。

シャープ（株）での売上高利益率はつぎのとおりです。これは前述の「3．損益計算書の概観分析を考える」で計算した百分率損益計算書（127ページ参照）と同じ結果となります。

比率名	前事業年度		当事業年度	
売　上　高 （売上）総利益率	386,990 ――――― 2,283,109	×100 =16.9%	440,907 ――――― 2,595,470	×100 =17.0%
売　上　高 営業利益率	132,474 ――――― 2,283,109	×100 =5.8%	143,708 ――――― 2,595,470	×100 =5.5%
売　上　高 経常利益率	137,114 ――――― 2,283,109	×100 =6.0%	147,144 ――――― 2,595,470	×100 =5.7%
売　上　高 当期純利益率	83,954 ――――― 2,283,109	×100 =3.7%	92,808 ――――― 2,595,470	×100 =3.6%

（3）資本回転率の分析

　資本回転率は、資本を効率よく使用して収益（売上高）をあげているかどうかの判断に使用されます。この回転率は、高いほど資本を効率よく運用していることなり、収益性は良好となります。なお、この資本回転率の分析を収益性の分析から独立させて、**活動性の分析**という場合もあります。

　この逆数である資本を売上高で割って求めた比率は、**資本回転期間**（資本が 1 回転する期間、通常は年数が求まります）を表し、資本の利用期間を示しています。資本回転期間はその期間が短いほど資本効率が良好ということになります。なお、分母に「（売上高÷12）」を使用することで、回転月数が求まります。

　資本回転率には、貸借対照表貸方の「資本の調達源泉」からみた**資本回転率（狭義）**と貸借対照表借方の「資本の運用形態」からみた**資産回転率**とがあります。

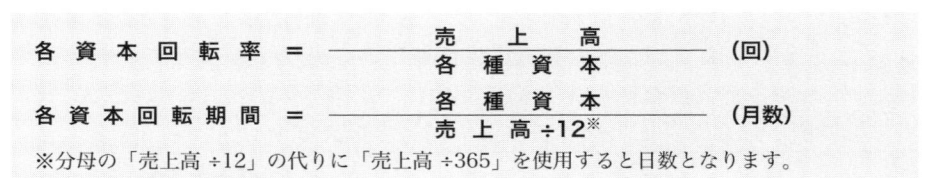

$$\text{各　資　本　回　転　率}＝\frac{\text{売　　上　　高}}{\text{各　種　資　本}}\quad\text{（回）}$$

$$\text{各　資　本　回　転　期　間}＝\frac{\text{各　種　資　本}}{\text{売　上　高}÷12^{※}}\quad\text{（月数）}$$

※分母の「売上高÷12」の代りに「売上高÷365」を使用すると日数となります。

ⅰ）資本回転率（狭義）の分析

　資本回転率（狭義）の分析は、売上高を資本の調達源泉（貸借対照表貸方）の期末資本（一般には、資本平均有高を使用する）で割ってその回数を求める資本効率の分析です。資本回転率（狭義）は、資本の種類により、総資本の利用効率をみる**総資本回転率**、自己資本の利用効率をみる**自己資本回転率**、また資本金の利用効率をみる**資本金回転率**となります。

　シャープ（株）の資本回転率と回転期間（月数）を求めると、次ページのようになります。

比率名	前事業年度	当事業年度
総資本回転率	$\dfrac{2,283,109}{2,110,839}$ =1.1 回	$\dfrac{2,595,470}{2,418,592}$ =1.1 回
自己資本回転率	$\dfrac{2,283,109}{1,049,434}$ =2.2 回	$\dfrac{2,595,470}{1,111,649}$ =2.3 回
資本金回転率	$\dfrac{2,283,109}{204,675}$ =0.2 回	$\dfrac{2,595,470}{204,675}$ =0.2 回

比率名	前事業年度	当事業年度
総資本回転期間	$\dfrac{2,110,839}{2,283,109\div12}$ =0.9 月	$\dfrac{2,418,592}{2,283,109\div12}$ =1.1 回
自 己 資 本 回 転 期 間	$\dfrac{1,049,434}{2,283,109\div12}$ =0.5 月	$\dfrac{1,111,649}{2,283,109\div12}$ =0.5 回
資本金回転期間	$\dfrac{204,675}{2,283,109\div12}$ =0.1 月	$\dfrac{204,675}{2,283,109\div12}$ =0.1 月

　また、**営業債務（または仕入債務）回転率**を求めることができます。これは、売上高（または売上原価）を営業債務で除して求められ、支払手形や買掛金などの営業債務の効率（または利用度）や支払（決済）速度を判断するために用います。この逆数である営業債務回転期間は、特に、営業債務の発生から消滅までの平均支払期間を意味しています。**営業債務回転期間**は、支払期間が長い方が望ましいことから、営業債務回転率は低い方が良いともいえます。なお、営業債務回転率（回転期間）の分子（分母）には、売上高の代わりに売上原価を用いることもあります。ここでは売上原価を用いています。

　シャープ（株）における営業債務回転率は、期間比較で 0.4 回の落ち込みがあり、その分、23.2 日の支払期間が延びたことになり望ましい結果といえます。

比率名	前事業年度	当事業年度
営業債務回転率	$\dfrac{1,896,119}{9,000+465,836}$ =4.0 回	$\dfrac{2,154,562}{7,753+587,869}$ =3.6 回
営 業 債 務 回 転 期 間	$\dfrac{9,000+465,836}{1,896,119\div365}$ =91.4 日	$\dfrac{7,753+587,869}{1,896,119\div365}$ =114.6 日

ii ）資産回転率の分析

　資産回転率の分析は、売上高を資本の運用形態（貸借対照表借方）の期末資産（一般には、資産平均有高を使用する）で割ってその回数を求める資産効率（または資産利用度）の分析です。

　資産回転率は、資産の種類により、総資産の効率または利用度を見る総資産回転率、営業債権の効率または回収速度をみる**営業債権**（または**売上債権**）**回転率**、棚卸資産の効率または在庫速度をみる**棚卸資産回転率**（分子には、通常「売上原価」をもちます）、固定資産の効率をみる**固定資産回転率**などがあります。

　この逆数である資産を売上高または売上原価で割って求めた比率は、**資産回転期間**（資産が 1 回転する期間）を表し、資産の利用期間を示しています。したがって資産回転期間はその期間が短いほど資産効率が良好ということになります。なお、分母に（売上高÷365または売上原価÷365）を使用すると回転日数が、また分母の「365」を「12」とすると回転月数がそれぞれ求まります。

　なお、**営業債権回転期間**は、営業債権の発生から回収までの平均回収期間を示し、分母には売上高÷365を用いて日数を求めます。また、**棚卸資産回転期間**は、棚卸資産の購入から売却（または消費）までの平均在庫期間を示し、通常分母に売上原価÷365を用いて、日数を求めます。

　シャープ（株）の資産回転率と資産回転期間（日数）を求めると、次のようになります。

比率名	前事業年度	当事業年度
総資産回転率	$\dfrac{2{,}283{,}109}{2{,}110{,}839}=1.1$ 回	$\dfrac{2{,}595{,}470}{2{,}418{,}592}=1.1$ 回
売上債権回転率	$\dfrac{2{,}283{,}109}{123+367{,}075}=6.2$ 回	$\dfrac{2{,}595{,}470}{44+450{,}451}=5.8$ 回
棚卸資産回転率	$\dfrac{1{,}896{,}119}{36{,}132+38{,}141+67{,}673+8{,}350}=12.6$ 回	$\dfrac{2{,}154{,}562}{44{,}995+46{,}486+105{,}960+6{,}955}=10.5$ 回
固定資産回転率	$\dfrac{2{,}283{,}109}{1{,}129{,}292}=2.0$ 回	$\dfrac{2{,}595{,}470}{1{,}236{,}020}=2.1$ 回

比率名	前事業年度	当事業年度
総資産回転期間	$\dfrac{2{,}110{,}839}{2{,}283{,}109÷365}=337.5$ 日	$\dfrac{2{,}418{,}592}{2{,}595{,}470÷365}=340.1$ 日
売上債権回転期間	$\dfrac{123+367{,}075}{2{,}283{,}109÷365}=58.7$ 日	$\dfrac{44+450{,}451}{2{,}595{,}470÷365}=63.3$ 日
棚卸資産回転期間	$\dfrac{36{,}132+38{,}141+67{,}673+8{,}350}{1{,}896{,}119÷365}=28.9$ 日	$\dfrac{44{,}995+46{,}486+105{,}960+6{,}955}{2{,}154{,}562÷365}=34.6$ 日
固定資産回転期間	$\dfrac{1{,}129{,}292}{2{,}283{,}109÷365}=180.5$ 日	$\dfrac{1{,}236{,}020}{2{,}418{,}592÷365}=186.6$ 日

5. 「安全性」の分析を考える

安全性の分析は、貸借対照表の資産・資本構成の均衡調和をはかり、結果として企業の収益性を増進させるための分析です。安全性の分析には、貸借対照表の借方分析である**資産安全性（資産構成）の分析**、貸借対照表の貸方分析である**資本安全性（資本構成）の分析**および貸借対照表の借方と貸方の均衡分析である**資産・資本安全性（均衡）の分析**の3つが考えられます。

（1）資産安全性（資産構成）の分析

資本の運用形態から見た資産の安全性は、固定資産よりも流動資産を、流動資産のなかでも棚卸資産よりも当座資産を、当座資産のなかでも現金預金を多く持っていた方が支払手段として利用できるので安全といえます。資産安全性の分析は、百分率貸借対照表（借方）の資産構成比率と同様です（124ページを参照）。

$$各資産構成比率 = \frac{各資産項目}{総資産} \times 100 （\%）$$

しかし、資産は、持ちすぎても（在庫が多くなると保管費用や在庫費用が多く発生します）少なすぎても（売れすぎて在庫がないときには、本来在庫があると本来は売上高という収益が発生するはずです）収益性を減少させますので、**適正保有（在庫）高**であることが必要です。資産適正保有（在庫）高の判断には、業界平均資産回転率を使用します。

（2）資本安全性（資本構成）の分析

資本の調達源泉から見た資本の安全性は、返済しない自己資本を多く持つこと、さらに返済必要な借入資本でも流動負債よりも長期間利用できる固定負債を多くある方が安全です。資本安全性の分析は、百分率貸借対照表（貸方）の資本構成比率と同様です（124ページを参照）。

$$各資本構成比率 = \frac{各資本項目}{総資本（自己資本＋他人資本）} \times 100 （\%）$$

特に、資本安全性（資本構成）の分析は、長期安全性（支払能力）をみるためのもので、これには**自己資本比率**や**負債比率**などがあります。

$$自己資本比率 = \frac{自己資本}{総資本} \times 100 （\%） \qquad 負債比率 = \frac{自己資本}{他人資本} \times 100 （\%）$$

①　自己資本比率

自己資本比率は、自己資本（純資産）を他人資本（負債）で除して求めます。これは、50％以上であれば安全とされています。

シャープ（株）での自己資本比率の計算は次のとおりです。

比率名	前事業年度		当事業年度	
自己資本比率	1,049,434 / 2,110,839	×100	1,111,694 / 2,418,592	×100
		=49.7%		=46.0%

②　負債比率

負債比率は、自己資本（純資産）を他人資本（負債）で除して求めます。これは、100％以上が安全とされています。なお、この比率の逆数（他人資本を自己資本で除する）で求める方法もあります。この場合には、100％以下が安全とされています。

シャープ（株）での負債比率の計算は次のとおりです。ここでは、期間比較で14％の減少で、安全性が低下しています。

比率名	前事業年度		当事業年度	
負債比率	1,049,434 / 1,061,405	×100	1,111,694 / 1,306,898	×100
		=98.9%		=85.1%

（3）資産・資本安全性（均衡）の分析

貸借対照表（借方）の資産と貸借対照表（貸方）の資本の間には均衡が保たれることが安全であるとされています。この分析に最も使用されるものには、短期安全性（支払能力）をみるための流動比率と当座比率が、長期安全性（支払能力）をみるための固定比率と固定長期適合率があります。

①　短期安全性の分析

$$流動比率 = \frac{流動資産}{流動負債} \times 100（\%） \qquad 当座比率 = \frac{当座資産}{流動負債} \times 100（\%）$$

（ⅰ）流動比率

流動比率は、流動資産を流動負債で除して求められます。これは 200％以上が安全とされることから、「2 対 1 の原則」ともいわれます。

シャープ（株）での流動比率の計算は次のとおりです。ここでは、各期 200％以下で、安全性にはやや問題があるが、期間比較で約7％の増加で、安全性が上昇している。

比率名	前事業年度		当事業年度	
流動比率	981,547 / 890,921	×100	1,177,707 / 1,002,254	×100
		=110.2%		=117.5%

（ⅱ）当座比率

当座比率は、当座資産を流動負債で除して求められ、100％以上が安全（支払能力がある）とされ、酸性試験比率ともいわれます。

シャープ（株）での当座比率の計算は次のとおりです。この比率は 100％以下で問題が

あるが、期間比較で約4％の増加で、安全性が上昇しています。

比率名	前事業年度	当事業年度
当 座 比 率	$\dfrac{320{,}890+123+367{,}075}{890{,}921} \times 100$ $= 77.2\%$	$\dfrac{371{,}306+44+450{,}451}{1{,}002{,}254} \times 100$ $= 82.0\%$

②　長期安全性の分析

$$固定比率 = \frac{自己資本}{固定資産} \times 100 \,(\%) \qquad 固定長期適合率 = \frac{長期資本}{固定資産} \times 100 \,(\%)$$

（ⅰ）固定比率

　固定比率は、自己資本を固定資産で除して求めます。これは、100％以上が安全とされています。なお、この比率の逆数（固定資産を自己資本で除する）で、計算する方法もあります。この場合には、100％以下が安全とされます。

　シャープ（株）での固定比率の計算は次のとおりです。この比率はともに100％未満で安全性にやや問題があり、さらに、期間比較で約3％の減少で、やや安全性が低下しています。

比率名	前事業年度	当事業年度
固 定 比 率	$\dfrac{1{,}049{,}434}{1{,}129{,}292} \times 100$ $= 92.9\%$	$\dfrac{1{,}111{,}694}{1{,}236{,}020} \times 100$ $= 89.9\%$

（ⅱ）固定長期適合率

　固定長期適合率は、長期資本（自己資本＋固定負債）を固定資産で除して求めます。固定比率が100％以下でも、この比率が、100％以上であれば、安全とされています。この比率にも逆数（固定資産を長期資本で除する）で求めることがあります。この場合には100％以下が安全とされます。

　シャープ（株）での固定長期適合率の計算は次のとおりです。この比率では、ともに100％を超えているので安全といえます。しかも、期間比較で約6％の増加で、安全性が上昇しています。

比率名	前事業年度	当事業年度
固定長期適合率	$\dfrac{170{,}484+1{,}049{,}434}{1{,}129{,}292} \times 100$ $= 108.0\%$	$\dfrac{304{,}643+1{,}111{,}694}{1{,}236{,}020} \times 100$ $= 114.6\%$

6.「生産性」の分析を考える

　生産性の分析とは、一定期間に生産諸要素（資本・労働力・材料・設備等）を用いて、

効率的に生産物を生産しているかを観察分析することです。生産性は、一定期間の産出高を生産諸要素の投入額で割ることで求められます。

$$生\ 産\ 性\ =\ \frac{生産産出高}{生産投入額}$$

生産諸要素は労働力と資本（生産設備等）に大別されることから、生産性は、**労働生産性**（産出高÷労働力）と**資本生産性**（産出高÷資本）に分けることができます。労働生産性の「労働力」には、従業員数、作業時間数または人件費などを、資本生産性の「資本」には、機械運転時間、有形固定資産額、総資本などを使用します。また「産出高」には、生産量、生産高または売上高などが考えられますが、一般には、次の付加価値を用います。

（1）付加価値

　付加価値とは、企業が生産物に新たに付加した価値をいいます。付加価値の計算には、減算法と加算法がありますが、一般には計算が簡単で、付加価値の分配先が明らかな次の加算法が用いられます。

（加算法による付加価値）
＝当期純利益＋人件費＋金融費用＋賃借料＋租税公課＋減価償却費

シャープ（株）における「付加価値」を計算すれば、次のとおりです。
（前事業年度）
①　当期純利益 83,954
②　人件費…（製造原価）労務費 132,283＋｛（販売費及び一般管理費）従業員給与及び諸手当 39,073＋退職給付費用 4,249＋研究開発費中の賞与引当金繰入額 2,603｝＝178,208
③　金融費用…（営業外費用）支払利息 1,289＋社債利息 816＋コマーシャル・ペーパー利息 16 ＝2,121
④　賃借料…（営業外費用）固定資産賃貸費用 8,33
⑤　租税公課…法人税,住民税及び事業税 40,960＋法人税等調整額 200＝41,160
⑥　減価償却費…（製造原価）減価償却費 141,168＋（販売費及び一般管理費）減価償却費 6,956＝148,124
⑦　付加価値合計（①から⑥まで）＝461,898
（当事業年度）
①　当期純利益 92,808
②　人件費…（製造原価）労務費 133,202＋｛（販売費及び一般管理費）従業員給与及び諸手当 39,649＋退職給付費用 2,457＋研究開発費中の賞与引当金繰入額 2,417｝＝177,725
③　金融費用…｛（営業外費用）支払利息 1,339＋社債利息 665＋コマーシャル・ペー

- ④ 賃借料…（営業外費用）固定資産賃貸費用 9,348
- ⑤ 租税公課…法人税,住民税及び事業税 34,470＋法人税等調整額 7,650＝42,120
- ⑥ 減価償却費…（製造原価）減価償却費 157,900＋（販売費及び一般管理費）減価償却費 6,956＝164,856
- ⑦ 付加価値合計（①から⑥まで）＝489,097

（2）労働生産性の分析

1．【主要な経営指標等の推移】（2）提出会社の経営指標等					
決 算 年 月	平成 15 年 3 月	平成 16 年 3 月	平成 17 年 3 月	平成 18 年 3 月	平成 19 年 3 月
従業員数（人）	22,718	22,724	22,838	22,949	22,793

① 労働生産性

労働生産性は、従業員一人当たりの付加価値のことであり、付加価値を従業員数で割って求めます。この生産性は高いほど労働生産性が高いと判断します。なお、労働生産性は、**一人当たり売上高**と**（売上高）付加価値率（付加価値率**ともいいます）に分解されるので、付加価値、従業員数、売上高の三者の関係をみることになります。

$$\frac{\text{付 加 価 値}}{\underset{\text{(労働生産性)}}{\text{従 業 員 数}}} = \frac{\text{売 上}}{\underset{\text{従業員一人当たり売上高}}{\text{従 業 員 数}}} \times \frac{\text{付 加 価 値}}{\underset{\text{(売上高付加価値率)}}{\text{売 上}}}$$

シャープ（株）における「労働生産性」、「従業員一人あたり売上高」および「（売上高）付加価値率」の計算は次のとおりです。期間比較では、付加価値率が減少していますが、それ以外がともに上昇しており、生産性は良好となります。

比率名	前事業年度	当事業年度
労 働 生 産 性	$\dfrac{461,898}{22,949} = 20.1\,百万円$	$\dfrac{489,097}{22,793} = 21.5\,百万円$
従業員一人当たり売上高	$\dfrac{2,283,109}{22,949} = 99.5\,百万円$	$\dfrac{2,595,470}{22,793} = 113.9\,百万円$
（売 上 高）付 加 価 値 率	$\dfrac{461,898}{2,283,109} \times 100 = 20.2\%$	$\dfrac{489,097}{2,595,470} \times 100 = 18.8\%$

（3）資本生産性の分析

資本生産性は、付加価値を総資本で割って求めた**総資本投資効率**、付加価値を有形固定資産有高で求めた**設備投資効率**などがあります。いずれも高いほど資本生産性は高いと判断されます。

総 資 本投資効率	$=$	$\dfrac{\text{付加価値}}{\text{総 資 本}}$ ×100（%）	設備投資効　率	$=$	$\dfrac{\text{付 加 価 値}}{\text{有形固定資産}}$ ×100（%）

シャープ（株）における総資本効率と設備投資効率の計算は次のとおりです。期間比較でも、いずれもやや減少しており、資本生産性はやや不良といえます。

比率名	前事業年度	当事業年度
総資本投資効率	$\dfrac{461,898}{2,110,839}$ ×100 $=21.9\%$	$\dfrac{489,097}{2,418,592}$ ×100 $=25.3\%$
設備投資効率	$\dfrac{461,898}{1,129,292}$ ×100 $=40.9\%$	$\dfrac{489,097}{1,236,626}$ ×100 $=39.6\%$

7．「キャッシュ・フロー」の分析を考える

【連結損益計算書】

区分	注記番号	前事業年度（自平成17年4月1日 至平成18年3月31日） 金額（百万円）	百分比（%）	当事業年度（自平成18年4月1日 至平成19年3月31日） 金額（百万円）	百分比（%）
Ⅰ 売上高		2,797,109	100.0	3,127,771	100.0

【連結キャッシュ・フロー計算書】

区分	注記番号	前事業年度（自平成17年4月1日 至平成18年3月31日） 金額（百万円）	当事業年度（自平成18年4月1日 至平成19年3月31日在） 金額（百万円）
Ⅰ 営業活動によるキャッシュ・フロー			
1 税引前当期純利益（①）		140,018	158,296
2 減価償却費（②）		186,434	208,632
：		：	：
営業活動によるキャッシュ・フロー		263,753	314,352
Ⅱ 投資活動によるキャッシュ・フロー		△229,386	△328,789
Ⅲ 財務活動によるキャッシュ・フロー		△33,760	41,170

　キャッシュ・フロー（「ＣＦ」と略す）の分析は、営業活動よりのＣＦ（「営業ＣＦ」と略す）、投資活動よりのＣＦ（「投資」と略す）、財務活動よりのＣＦ（「財務ＣＦ」と略す）の3者の関係をみて、ＣＦの良否を判断することです。主なＣＦ分析に使用する比率は、「営業ＣＦ対投資ＣＦ比率」、「営業ＣＦ対財務ＣＦ比率」、「キャッシュ・フローマージン比率」、および「営業ＣＦ対（当期純利益+減価償却費）比率」などです。

営業ＣＦ対 投資ＣＦ比率	=	投資 CF 営業 CF	×100 (%)	営業ＣＦ対 財務ＣＦ比率	=	財務 CF 営業 CF	×100 (%)
キャッシュ・フロー マージン比率	=	営業 CF 売上高	×100 (%)	営業ＣＦ対（当期純利 益＋減価償却費）比率	=	（当期純利益＋減価償却費） 営業 CF	×100 (%)

　シャープ（株）での公表キャッシュ・フローは、「連結キャッシュ・フロー計算書」ですので、ここでは、連結キャッシュ・フロー計算書での数値を使用した計算結果を示します。

①　営業ＣＦ対投資ＣＦ比率

　営業ＣＦ対投資ＣＦ比率は、「投資 CF」を「営業 CF」で除して計算し、営業 CF の中に占める「投資 CF」の割合をみます。これは、投資ＣＦ控除後の営業ＣＦの余裕度をみるためのものです。

比率名	前事業年度	当事業年度
営業 CF 対投資 CF 比率	$\frac{229,386}{263,753}$ ×100＝97.0%	$\frac{328,789}{314,352}$ ×100＝104.6%

②　営業ＣＦ対財務ＣＦ比率

　営業ＣＦ対財務ＣＦ比率は、「財務 CF」を「営業 CF」で除して計算し、営業 CF の中に占める「財務 CF」の割合をみます。これは、財務ＣＦ控除後の営業ＣＦの余裕度をみるためのものです。

比率名	前事業年度	当事業年度
営業 CF 対財務 CF 比率	$\frac{33,760}{263,753}$ ×100＝12.8%	$\frac{41,170}{314,352}$ ×100＝13.1%

③　キャッシュ・フローマージン比率

　キャッシュ・フローマージン比率は、「営業 CF」を「売上高」で除して計算し、売上高に占める営業 CF の割合をみます。これは、営業 CF がその源泉である売上高から生まれることを考えると、その割合が多いほど、営業 CF が大きくなると考えられます。

比率名	前事業年度	当事業年度
キャッシュ・フローマージン比率	$\frac{263,753}{2,797,109}$ ×100＝13.0%	$\frac{314,352}{3,127,771}$ ×100＝10.1%

④　営業ＣＦ対（当期純利益＋減価償却費）比率

　営業ＣＦ対（当期純利益＋減価償却費）比率は、「（当期純利益＋減価償却費）を「営業 CF」で除して計算し、「営業 CF」に占める（当期純利益＋減価償却費）の割合をみます。営業 CF のほとんどが、その源泉の主要な（当期純利益＋減価償却費）からなることを考えると、この割合が大きいほど営業 CF が大きくなると考えられます。

比率名	前事業年度	当事業年度
営業ＣＦ対（当期純利益＋ 減価償却費）比率	$\frac{140,018＋186,434}{263,753}$ ×100＝123.8%	$\frac{158,296＋208,632}{314,352}$ ×100＝116.7%

8.「成長性」の分析を考える

第 1【企業の状況】　1.【主要な経営指標等の推移】(2)提出会社の経営指標等				
決算年月	平成 15 年 3 月	平成 16 年 3 月	平成 17 年 3 月	平成 18 年 3 月	平成 19 年 3 月
売上高(百万円)	1,552,211	1,804,907	2,084,928	2,283,109	2,595,470
経常利益(百万円)	72,801	99,750	125,687	137,114	147,144
純資産額(百真円)	872,683	927,193	974,211	1,049,434	1,111,694
総資産額(百万円)	1,612,310	1,795,254	1,943,511	2,110,839	2,418,592
従業員数(人)	22,718	22,724	22,838	22,949	22,793
営業 CF(百万円)	269,136	249,618	219,198	268,753	314,352

　※営業 CF は、連結財務諸表の「営業活動よりのキャッシュ・フロー」を使用している。

　※「付加価値」は、平成 18 年 3 月は 530,980 百万円、平成 19 年 3 月は 610,973 百万円と計算されている

　成長性の分析には、売上高、経常利益、総資産、純資産、付加価値、従業員数、営業CFなどを成長性項目と選び、前年度と比較し成長しているかどうかを判断します。これには、短期成長性の分析と長期成長性の分析があります。

（1）短期成長性の分析

　短期成長性の分析は、売上高、経常利益、総資産、純資産、付加価値および従業員数、営業CFなどの各成長性項目の前年度との増加割合（対前年度伸び率）で判断します。増加割合がプラスであれば成長し、マイナスになると停滞または後退をしているとみます。

$$各種短期成長率（対前年度伸び率） = \frac{当年度実数値 - 前年度実数値}{前年度実数値} \times 100（\%）$$

　シャープ（株）における短期成長率の計算は 140 ページのとおりです。ほとんどの項目のいずれもがプラスとなり、成長していることを示しています。

　なお、次のように計算する方法もあります。このときには、100％を超えていればプラスの成長を、100％未満だと、マイナスの成長を示すことになります。

$$各種短期成長率（対前年度伸び率） = \frac{当年度実数値}{前年度実数値} \times 100（\%）$$

売 上 高成 長 率	$\dfrac{2,595,470 - 2,283,109}{2,283,109}$	×100 =12.7%	経 常 利 益成 長 率	$\dfrac{147,144 - 137,114}{137,114}$	×100 =7.3%
純 資 産成 長 率	$\dfrac{1,110,699 - 1,049,434}{1,049,434}$	×100 =5.8%	総 資 産成 長 率	$\dfrac{2,418,592 - 2,110,839}{2,110,839}$	×100 =14.6%
付加価値成 長 率	$\dfrac{610,973 - 530,980}{580,980}$	×100 =13.8%	従 業 員成 長 率	$\dfrac{22,793 - 22,924}{22,924}$	×100 =−0.6%
営業 CF成 長 率	$\dfrac{314,352 - 263,753}{263,753}$	×100 =19.2%			

（2）長期成長性の分析

　長期性成長性の分析は、売上高、経常利益、総資産、純資産、付加価値および従業員数、営業ＣＦなどの各成長性項目の長期的成長度（趨勢）を、比率により分析していくもので、**趨勢分析法**ともいわれます。**趨勢分析法**には、固定基準法と移動基準法があります。

　固定基準法は、過去の特定期間（これを基準年度といいます）の実数を１００として、基準年度の実数を基準年度以降の期間の実数との割合を求める方法で、長期的な傾向を見ることができます。

　移動基準法は、毎期の実数を対前年度の実数との割合である「**対前年度伸び率**」を毎期計算していく方法で、「対前年度伸び率」の長期的傾向を見ることができます。

　ここでは、シャープ（株）での固定基準法と移動基準法での売上高成長率のみを計算します。他の項目も同様に行います。シャープ（株）の売上高成長率は、常に前年度よりも大きく、長期的に成長しています。また、対前年度伸び率を示す移動基準法も、１１０％超で安定的な成長が保証されているといえます。

決算年月	平成 15 年 3 月	平成 16 年 3 月	平成 17 年 3 月	平成 18 年 3 月	平成 19 年 3 月
売上高(百万円)	1,552,211	1,804,907	2,084,928	2,283,109	2,595,470
固定基準法（%）	100.0	① 116.3	② 134.3	③ 147.1	④ 167.2
移動基準法（%）	100.0	⑤ 116.3	⑥ 115.5	⑦ 109.5	⑧ 113.7

①1,804,907÷1,552,211×100＝116.3　　②2,084,928÷1,552,211×100＝134.3

③2,283,109÷1,552,211×100＝147.1　　④2,595,470÷1,552,211×100＝167.2

⑤1,804,907÷1,552,211×100＝116.3　　⑥2,084,928÷1,804,907×100＝115.5

⑦2,283,109÷2,084,928×100＝109.5　　⑧2,595,470÷2,283,109×100＝113.7

9．企業の「総合評価」を考える

　収益性の分析、安全性の分析、生産性の分析、キャッシュ・フローの分析、成長性の分析を目的別に行ない、その問題点や改善点を明らかにしております。企業の「総合評価」とは、目的別分析の結果を総合して「企業全体」としての良否を判断するための総合分析です。この総合評価の方法としては、一目でわかるように視覚に訴える方法のレーダー・チャート法やフエース・メソッド法が有効的です。

①　レーダー・チャート法による総合評価

　この方法は、航空管制官や操舵室のレーダーのように、360度の円形のなかに各種比率ごとに直線を原点から引きます（たとえば10個の指標があると、36度ごとに直線を引くことになります）。各種比率ごとに原点から引いた直線のまん中が業種平均値になるようにします。各種比率の数値が、平均値以上の時には、まん中より上に、逆に平均値以下の時には、まん中より下にプロット（点）打ちます。そのプロット同士を線で結ぶと「くもの巣」のようになります。このくもの巣が下に極端に下がってプロットされた比率が悪化を示した問題点といえます。また、全体の線が外に大きく張っているときには、平均値以上で良好な会社であると、下にこじんまりとまとまっているときには、良好とはいえない会社となります。

②　フエース・メソッド法

　この方法は、日本経済新聞社が採用した方法で、各指標の値を人間の顔のそれぞれのパーツを意味し、そのパーツごとに各指標が良好のときにはふくよかになるように、逆にそうでないときには険しいようにします。顔全体は、企業全体の経営内容を意味します。もし経営内容全体が良好のときには顔全体がふくよかになり、逆にそうでないときには険しい不細工な顔になります。

第16章　財務諸表の「監査」と
企業の「税務」を学ぶ

1.「財務諸表監査」を考える

　私たち利害関係者が、個別企業やグループ企業の財政状態、経営成績およびキャッシュ・フローの状況を見るために、企業が公表する貸借対照表、損益計算書およびキャッシュ・フロー計算書などの「財務諸表」（個別財務諸表と連結財務諸表）を入手します。それらの財務諸表が、一般に適正に（公正妥当と認められる会計諸基準により）作成されているかどうかは私たち利害関係者にはわかりません。そこで、企業外部の独立した監査法人を含む公認会計士（以下**監査人**といいます）が財務諸表の適正さを保証しています。このことを**財務諸表監査**といいます。

　財務諸表監査は、企業にとって私たち利害関係者に対して作成された財務諸表が適正に作成していることをアピールでき、私たち利害関係者も安心して財務諸表を利用して企業の状況などを見ることできるというメリットを持つことになります。

　私たち利害関係者が利用する財務諸表には、監査人が財務諸表の適正さを保証する**監査人の責任**のみが存在しているわけではありません。当然ながら、その前提として、企業がその財務諸表を適正に作成するという**企業の責任**も負っていることになります。このことを**二重責任の原則**といいます。しかし、財務諸表が適正に作成されていないときの責任は、あくまでも作成者の企業にありますが、監査人は、適正に作成されていないことを見逃したときに責任を負うことになります。

2．財務諸表監査の「目的」を考える

　財務諸表監査の目的は、企業が作成した財務諸表について、監査人が、独自に集めた**監査証拠**に基づき、一般に公正妥当と認められる会計諸基準で正しく処理されていることで

「財務諸表の表示が適正である」との意見表明を監査報告書に作成して、**財務諸表の信頼性**を与えることです。

　「財務諸表の表示が適正である」ということは、財務諸表の全体を通して**重要な虚偽の表示がない**ということであり、**虚偽の表示が絶対ない**ということを意味するものではありません。したがって、財務諸表の表示についての**合理的な保証**（絶対的な保証ではなく相当程度の保証）を監査人が行ったことを意味します。

（1）虚偽表示の発見

　財務諸表監査での中心は財務諸表の虚偽表示の発見と適切な対応（虚偽表示にならないように適切な指導と助言をすること）にあります。虚偽表示には、誤謬と不正とがあります。**誤謬**は、事務的なミスのもとづく意図的でない誤りです。**不正**は、財務諸表の利用者を欺くために不正な報告（いわゆる粉飾）や資産の流用などの行為を隠蔽するために意図的に虚偽の記録や領収書などの証ひょう類の改ざん・偽造を意図的で行われますので重要な虚偽表示となります。また、違法行為の発見が、重要な虚偽表示につながる可能性があるときには、不正等の発見と適切な対応をすることになります。

（2）虚偽表示の対応結果

　監査人は、財務諸表が一般に公正妥当と認められる会計諸基準に準拠して作成されている限り、かなりの損失が発生している企業でも、今後少なくとも1年間は倒産する危険がないときには、財務諸表は会社の財政状態、経営成績、キャッシュ・フローの状況が適正に表示されていると判断し、監査報告書に「財務諸表が適正に表示されている」という**無限定適正意見**を表明します。逆に、多額の利益を出し、業績が好調である会社でも、一般に公正妥当と認められる会計諸基準に著しく反していて、財務諸表に与える影響が大きいときには、その対応がなされていないときには「財務諸表は不適正である」という**不適正意見**を表明することになります。財務諸表に与える影響がそれほど重要でないときで、対応がなされないときには**限定付適正意見**を表明することになります。

（3）重要な虚偽表示を見過ごした場合の監査人の責任

　財務諸表に重要な虚偽表示があったときには、その虚偽表示を行った企業はもちろんのこと、その虚偽表示を見過ごした監査人にも責任が問われ、「戒告」、「業務停止」、「登録抹消」など**懲戒処分**を受けることになります。この他に、重要な虚偽表示を見逃したことによる**損害賠償請求**を受けることになるときもあります。

３．「監査基準」と監査人の「適格性」を考える

（1）監査基準

　監査基準は、監査人が財務諸表の監査を行う際の常に遵守しなければならない最高規範です。わが国の鑑査基準は、**監査の目的**のほかに、監査人の適格性の条件や監査人の業務上の心がけ（姿勢）を明らかにした**一般原則**、監査計画や監査実施に当たっての監査人が

守るべきことを明らかにした**実施基準**、監査人の意見表明する際の判断や監査報告書の記載要件を明らかにした**報告基準**からなっています。

（２）監査人の適格性（資質）

監査は、簡単に誰でも容易にできるようなものではありません。そこで、監査人の主要な適格性（資質）について次に考えてみます。

①　職業専門家としての専門能力の向上をはかり、実務経験等から得られる知識の蓄積に常につとめることが必要とされています。

最も基本的な監査全般にわたる専門能力と知識の研鑽を積むように、監査人としての常日頃の自覚をうながしたものです。

②　監査人には、常に精神的に公正不偏の態度を取り、独立の立場を維持することが必要とされます。

公平不偏の態度とは、監査人が自らの良心と信念に従って常に客観的であり、公平な判断を下すことができる精神を持つことです。また、独立の立場とは、監査人が、被監査企業（監査対象企業）から経済的にも身分的にも独立して、公平不偏な態度で監査をすることができるということです。

③　監査人は、職業的専門家としての正当な注意を払い、懐疑心を持って監査することが必要です。

職業的専門家としての**正当な注意**とは、民法６４４条にいう「善良なる管理者の注意」にほぼ相当するものといわれ、職業的プロとして当然期待される注意のことをいいます。また、職業的専門家としての**懐疑心**とは、財務諸表における虚偽表示（違法行為による虚偽表示を含む）がないことを前提にするのではなく、虚偽表示がありうるという可能性を持つことで、監査人の監査に対する心がけ（姿勢）をいいます。

④　監査人は、業務上知り得たことを正当な理由なく他人に漏らしたり、他のことに利用することはできません。

監査人は、業務上、被監査会社の秘密に接する機会が多いが、そこで知りえた事実を他人に漏らしたり、自らの利益になるように悪用してはいけないという**秘密保持**を義務付けしております。

なお、次ページに、シャープ（株）の有価証券報告書に対するあずさ監査法人による監査結果を表明した「独立監査人の監査報告書」（113 期—平成 19 年 3 月決算期—の財務諸表に対するもの）を掲載しています。なお、有価証券報告書のそれには、112 期（平成 18年 3 月決算期）および 113 期（平成 19 年 3 月決算期）事業年度の「財務諸表」と「連結財務諸表」に対するもの全 4 ページが記載されています。

図表 16-1　「監査報告書」の雛型例

EDINET提出書類　2007/06/22 提出
シャープ株式会社 (352009)
有価証券報告書

独立監査人の監査報告書

平成19年6月22日

シャープ株式会社
　　取締役会　御中

あずさ監査法人

指 定 社 員 業務執行社員	公認会計士	園　木　　　宏	印
指 定 社 員 業務執行社員	公認会計士	北　山　久　恵	印
指 定 社 員 業務執行社員	公認会計士	三　浦　　　洋	印
指 定 社 員 業務執行社員	公認会計士	上　野　直　樹	印

　当監査法人は、証券取引法第193条の2の規定に基づく監査証明を行うため、「経理の状況」に掲げられているシャープ株式会社の平成18年4月1日から平成19年3月31日までの第113期事業年度の財務諸表、すなわち、貸借対照表、損益計算書、株主資本等変動計算書及び附属明細表について監査を行った。この財務諸表の作成責任は経営者にあり、当監査法人の責任は独立の立場から財務諸表に対する意見を表明することにある。

　当監査法人は、我が国において一般に公正妥当と認められる監査の基準に準拠して監査を行った。監査の基準は、当監査法人に財務諸表に重要な虚偽の表示がないかどうかの合理的な保証を得ることを求めている。監査は、試査を基礎として行われ、経営者が採用した会計方針及びその適用方法並びに経営者によって行われた見積りの評価も含め全体としての財務諸表の表示を検討することを含んでいる。当監査法人は、監査の結果として意見表明のための合理的な基礎を得たと判断している。

　当監査法人は、上記の財務諸表が、我が国において一般に公正妥当と認められる企業会計の基準に準拠して、シャープ株式会社の平成19年3月31日現在の財政状態及び同日をもって終了する事業年度の経営成績をすべての重要な点において適正に表示しているものと認める。

追記情報

　会計処理の変更に記載されているとおり、従来、営業外収益及び営業外費用に計上していた特許料・技術指導料等収入及び特許料・技術指導料等収入見合費用を、当事業年度より、「売上高」及び「売上原価」にそれぞれ含めて計上する方法へ変更した。

　会社と当監査法人又は業務執行社員との間には、公認会計士法の規定により記載すべき利害関係はない。

　当監査法人は、会社に対し、監査証明との同時提供が認められる公認会計士法第2条第2項の業務を継続的に行っている。

以　上

　※　上記は、監査報告書の原本に記載された事項を電子化したものであり、その原本は当社(有価証券報告書提出会社)が別途保管している。

4．「公認会計士試験制度」を考える

　公認会計士は、企業の会計監査を行い、会計や税金に関する助言や指導をおこなうとともに、その業務の代行や経営全般についての適切なアドバイスをおこなっています。公認会計士になるためには、国家試験である公認会計士試験に合格し、公認会計士として登録することが必要です。

　次に、公認会計士として公認会計士試験の受験から登録できるまでの一連の流れを述べましょう。

> ①　公認会計士試験では、短答式試験科目と論文式試験科目の両方に合格しなければなりません。なお、論文式試験科目は、短答式試験科目に合格することが条件です。短答式試験合格者で論文式試験受験する場合、今後2年間の短答式試験の免除が受けられ、また、論文式試験受験者で一部試験科目の高得点者と認定された者は、今後2年間の当該試験科目の免除を受けることができます。

　（ⅰ）短答式試験科目には、財務会計論（簿記論と財務諸表論）、管理会計論（原価計算）、監査論及び企業法（会社法と金融商品取引法など）の4科目があります。

　（ⅱ）論文式試験科目には、必修科目としての会計学（財務会計論と管理会計論）、監査論、企業法および租税法（法人税法、所得税法、租税法など）の4科目と選択科目1科目（経営学、経済学、民法、統計学のなかから選択する）があります。

> ②　上記①試験合格者は、日本公認会計士協会による統一考査に合格しなければなりません。

　なお、統一考査の受験のためには、イ．2年以上の業務補助等と、ロ．統一考査以外の実務補修での必要単位の取得が必要となります。

> ③　上記②の統一考査に合格し、内閣道理大臣（金融庁）の確認を受けた者は、公認会計士となる資格を有し、公認会計士および税理士の登録をして、開業できます。

5．「企業会計」と「税務会計」を学ぶ

　企業会計では、いままで学んできたように、一定期間の経営成績を明らかにするための**損益計算書**、一定時点の財政状態を明らかにするための**貸借対照表**、一定期間のキャッシュ・フローの状況を明らかにするための**キャッシュ・フロー計算書**を作成します。

　税務会計では、法人税法を中心として課税の公平や安定した税収確保を目的として、法人における**課税所得金額**とその**納付税額**を計算することになります。税務会計は、独自の方法により課税所得額を計算するのではなく、あくまでも企業会計の利益を基礎として計算することになります。このことを**確定決算主義**といいます。しかし、企業会計で算出された利益金額（これを会計利益という）と、税務会計で算出する課税所得金額とは通常一致することはありません。税務会計では、企業会計上の利益（これを**会計利益**といいます）に対して**税務調整**を行って課税所得額を計算することになるからです。

　税務調整の項目には、法人税法上の特別規定（これを**別段の定め**といいます）により行われるもので、次の４つがあります。その中でも③損金不参入項目がほとんどで、その他はわずかしかありません。

① 　会計利益の計算では収益として計上するが、課税所得計算では益金として計上しないもの（これを**益金不算入項目**といいます）

② 　会計利益の計算では収益として計上しないが、課税所得計算では益金として計上するもの（これを**益金算入項目**といいます）

③ 　会計利益の計算では費用として計上するが、課税所得計算では損金として計上しないもの（これを**損金不算入項目**といいます）

④ 　会計利益の計算では費用として計上しないが、課税所得計算では損金として計上するもの（これを**損金算入項目**といいます）

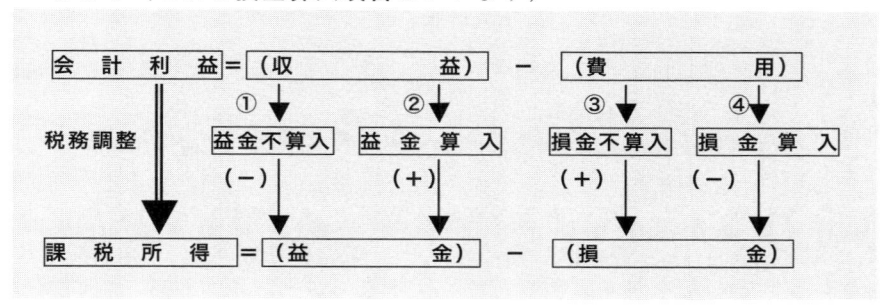

　課税所得金額は、会計利益に税務調整{加算調整（②＋③）－減算調整（①＋④）}を行って計算されます。**納付税額**は、課税所得に法人税等率を乗じて計算されます。損益計算書には、納付税額が記載されることになります。

・**課税所得金額＝会計利益＋税務調整{（②＋③）－（①＋④）}**
・**納付税額＝課税所得金額×法人税等率**

6.「税効果会計」を学ぶ

　企業会計上の損益計算書では、区分別損益計算が行われ、売上総利益、営業利益、経常利益、税引前当期純利益および当期純利益などが記載されております。損益計算書に記載されている**法人税等**は、税引前当期純利益から差し引かれる費用であり、その金額は、税引前当期純利益に法人税等率を乗じて計算されます。税引前当期純利益から法人税等を差し引いたものを、**当期純利益**といいます。

（1）税効果会計と損益計算書

区分	注記番号	前事業年度 （自平成 17 年 4 月 1 日 至平成 18 年 3 月 31 日）			当事業年度 （自平成 18 年 4 月 1 日 至平成 19 年 3 月 31 日在）		
		金額（百万円）		百分比 （%）	金額（百万円）		百分比 （%）
:			:			:	
税引前当期純利益			125,114	5.5		134,828	5.2
法人税、住民税 及び事業税		40,960			34,370		
法人税等調整額		200	41,160	1.8	7,650	42,020	1.6
当期純利益			83,954	3.7		92,808	3.6

　前期と今期の税引前当期純利益が同一金額とします。そこで計算される法人税等は、法人税等率が一定なので、同一金額となるのが望ましいのです。すでにお話したように、法人税等は、税引前当期純利益に対して税務調整後の金額である課税所得金額に法人税等率を乗じて計算されるので、税務調整の大小により影響を受けてしまいます。税引前当期純利益と税務調整前法人税等（これを**本来あるべき法人税等**といいます）との直接的な関係が失われてしまいます。そこで、損益計算書には、「税引前当期純利益」、税務調整後で計算された法人税等の実際納付額を示す「法人税等」、「本来あるべき法人税等（税務調整前法人税等）」も表示する方法を採用しております。この一連の処理方法を**税効果会計**といいます。

　以上のことを、損益計算書を使用して説明すると次のようになります。②と③の合計額が「本来あるべき法人税額」となります。

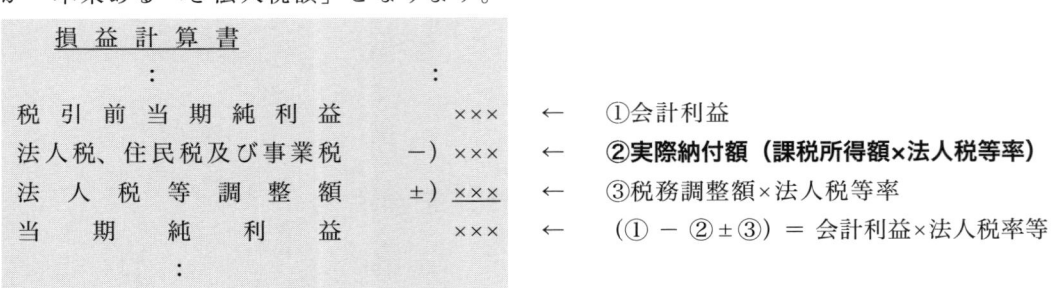

　なお、税効果会計で使用される法人税等税率は、次の法定実効税率が用いられています。

$$法定実効税率 = \frac{法人税率 \times （1 + 住民税率）+ 事業税率}{1 + 事業税率}$$

（２）　税効果会計と貸借対照表

区分	注記番号	前事業年度 （平成18年3月31日現在）		当事業年度 （平成19年3月31日現在）	
		金額（百万円）	構成比（％）	金額（百万円）	構成比（％）
（資産の部） Ⅰ　流動資産 　　　　： 　9　繰延税金資産 　　　　： Ⅱ　固定資産 　　　　： 3　投資その他の資産 　　　　： （8）繰延税金資産 　　　　：		： 28,941 ： ： ： 21,345 ：		： 450,451 ： ： ： 16,136 ：	

　税効果会計は、当然のことながら損益計算書だけでなく貸借対照表にも影響を及ぼすことになります。貸借対照表では、損益計算書の「法人税等調整額」が減算表示と減算表示のときとでは異なることになります。

①　法人税等調整額が減算表示されるとき

　損益計算書における法人税等調整額の減算表示は、税務調整項目の加算調整項目から発生し、本来あるべき法人税等の金額よりも実際納付額が多いときのその差額です。その差額は、将来の税金の支払額である**税金の前払い**の性格を有していることから**繰延税金資産**として貸借対照表の資産の部（流動資産または固定資産－投資その他の資産－）に記載します。

②　法人税等調整額が加算表示されるとき

　損益計算書における法人税等調整額の加算表示は、税務調整項目の減算調整項目から発生し、本来あるべき法人税等の金額よりも実際納付額が少ないときのその差額です。その差額は、会計上では当期の支払税金であるものを、次期以降に繰延べるという**税金の未払い**の性格を有していることから**繰延税金負債**として貸借対照表の負債の部（流動負債または固定負債）に記載します。

③　繰延税金資産と繰延税金負債の取り崩し

　繰延税金資産や繰延税金負債は、次期以降でその差異の原因が解消されたときに取り崩すことになります。繰延税金資産の取崩分は、繰延税金資産を減少させて、法人税等調整額に加算処理します。また、繰延税金負債の取崩分は、繰延税金負債を減少させて、法人税等調整額に減算処理します。

④　繰延税金資産と繰延税金負債の会計処理と表示

イ．繰延税金資産と繰延税金負債の期首残高と期末残高の差額を「法人税等調整額」として一括して表示します。

ロ．流動資産に表示した繰延税金資産と流動負債に表示した繰延税金負債は、相殺してその差額を繰延税金資産または繰延税金負債として表示します。

ハ．固定資産（投資その他の資産）に表示した繰延税金資産と固定負債に表示した繰延

税金負債は、相殺してその差額を繰延税金資産または繰延税金負債として表示します。

（3）一時差異

　税効果会計で認識される差異のことを、専門的用語で一時差異といいます。**一時差異と**は、「貸借対照表（および連結貸借対照表）に計上されている資産と負債の金額」と「課税所得計算上の資産および負債の金額」との差額をいいます。この一時差異の定義は、いままで述べてきた税務調整項目により発生する差異と同一なものです。前者の会計上と税務上の資産と負債との差異と定義する方法を**資産負債法**といい、後者の本書でいままで述べてきた会計上と税務上の収益と費用との差異から定義する方法を**繰延法**といいます。

　一時差異には、**将来減算一時差異**と**将来加算一時差異**とに分けられます。

①　将来減算一時差異の具体例

　（ⅰ）税務上損金として認められない棚卸資産の評価減、（ⅱ）貸倒引当金や退職給与引当金の繰入限度超過額、（ⅲ）賞与引当金の繰入額、（ⅳ）未払事業税、（ⅴ）連結財務諸表における未実現利益消去額、など

②　将来加算一時差異の具体例

　（ⅰ）利益処分方式での祖是特別措置法上の諸準備金、圧縮記帳額、特別償却、（ⅱ）資産または負債の評価替えによる評価差益、（ⅲ）連結財務諸表における連結会社相互間の債権債務の相殺消去に伴う貸倒引当金の減額調整額、（ⅳ）連結財務諸表における未実現損失消去額、など

　なお、企業会計上収益や費用として計上しても、税務上永久に益金や損金に算入されない項目（例：交際費など）があります。このような税務調整項目を**永久差異**といい税効果会計の対象となる差異ではありません。

7.「税理士試験制度」を考える

　税理士は、税理士となるための必要な学識及び応用能力を判定する税理士試験に合格することが必要です。

　次に、税理士として開業するまでの一連の流れを見てみましょう。

①　税理士試験に受験資格があるかどうかを確認します。

　税理士試験に受験できる有資格者は次のとおりです。1）法律学または経済学を主たる履修科目とする学部または短大の卒業者、2）大学または短大の卒業者で法律学または経済学を履修した者、3）法律学または経済学を履修した専門学校卒業者、3）法律学または経済学を修めた大学3年以上の在学者、4）日本商工会議所簿記検定1級合格者、5）全国経理学校簿記検定上級合格者などです。なお、その他に職歴による受験資格もあります。

②　税理士試験は、公認会計士試験のように全科目合格性ではなく、毎年1科目ずつでも合格すればよく、5科目合格することが条件となっています。

＜会計学に関する科目＞‥２科目必修科目

　（ａ）「簿記論」、（ｂ）「財務諸表論」

＜税法に関する科目＞‥次の（ａ）から（ｆ）のなかから３科目選択科目（ただし、次の　（ａ）「所得税」と（ｂ）「法人税」のうちの１科目は選択必修科目です。）

　（ａ）「所得税」、（ｂ）　「法人税」、（ｃ）「相続税法」、（ｄ）「国税徴収法」、（ｅ）「消費税」または「酒税」の１科目、（ｆ）「住民税」または「事業税」の１科目、（ｆ）「固定資産税」

　なお、大学院で会計学や租税（税法）学などに関する修士学位を取得すると、修士学位に応じて税理士試験における会計学科目２科目中の１科目または税法科目３科目中の２科目が試験科目免除となります。会計学科目と税法科目につきそれぞれ１科目を受験して合格すれば税理士試験に合格になります。

③　税理士試験合格前後２年間の実務経験が必要です。

　税理士試験に合格していても、税理士となるためには、２年以上の国税、地方税、会計に関する実務経験がなければいけません。この実務経験は、税理士試験前後のいずれでも構いません。

④　税理士としての開業するためには日本税理士連合会に登録が必要です。

　税理士試験に合格し、２年以上の実務経験で、日本税理士連合会に登録することで、いよいよ税理士となります。税理士法人を設立した時には、日本税理士連合会に届出が必要です。

8.「国税専門官・財務専門官の採用試験」を考える

　国税専門官および財務専門官の採用試験は、同一日程で行われるため併願はできず、いずれか一方の採用試験を受験し、合格・採用されなければなりません。受験資格と試験内容は次のとおりです。

１．受験資格

　①21歳以上30歳未満の者、または②21歳未満のもので大学、短期大学（高等専門学校）の卒業者または卒業見込みの者であること

２．試験内容

　試験は、第１次試験（筆記試験）と第２次試験（人物試験）で行われます。

　第１次試験は、①多岐選択式の基礎能力試験（知能分野と知識分野から出題）、②多岐選択式の専門試験（憲法・行政法、経済学・財政学、経済事情の必修科目と民法・商法、統計学、政治学・社会学、簿記を含む会計学、経営学、英語、情報数学、情報工学）のなかからの選択問題、さらに③記述式の専門試験（憲法、民法、経済学、財政学、会計学のうち１科目選択）からなっています。第２次試験は、人物試験で、人柄、対人的能力などについての個別面接となっています。

I　（個別）財務諸表等

I　【財務諸表等】
(1)　【財務諸表】
①　【貸借対照表】

区分	注記番号	前事業年度（平成18年3月31日現在）金額（百万円）		前事業年度 構成比（％）	当事業年度（平成19年3月31日現在）金額（百万円）		当事業年度 構成比（％）
（資産の部）							
I　流動資産							
1　現金及び預金	※1		323,890			371,306	
2　受取手形			123			44	
3　売掛金			367,075			450,451	
4　製品			36,132			44,995	
5　原材料			38,141			46,486	
6　仕掛品			67,673			105,950	
7　貯蔵品			8,350			6,955	
8　前払費用			1,142			1,142	
9　繰延税金資産			28,941			28,852	
10　未収入金			86,686			101,385	
11　その他	※1		23,434			20,162	
12　貸倒引当金			△45			△26	
流動資産合計			981,547	46.5		1,177,707	48.7
II　固定資産							
1　有形固定資産							
(1)　建物		472,234			518,434		
減価償却累計額		△252,309	219,924		△268,403	250,031	
(2)　構築物		32,355			33,666		
減価償却累計額		△20,142	12,212		△21,042	12,623	
(3)　機械及び装置		1,163,370			1,340,993		
減価償却累計額		△813,859	349,511		△912,928	428,065	
(4)　車両及びその他の陸上運搬具		902			965		
減価償却累計額		△628	274		△724	240	
(5)　工具、器具及び備品		285,710			308,397		
減価償却累計額		△240,128	45,581		△258,440	49,957	
(6)　土地			50,302			50,139	
(7)　建設仮勘定			77,217			56,194	
有形固定資産合計			755,024	35.8		847,251	35.0
2　無形固定資産							
(1)　工業所有権			11,923			10,896	
(2)　施設利用権			826			791	
(3)　ソフトウェア			28,742			38,848	
無形固定資産合計			41,491	2.0		50,536	2.1
3　投資その他の資産							
(1)　投資有価証券			94,995			88,945	
(2)　関係会社株式			153,607			157,607	
(3)　出資金			56			56	
(4)　関係会社出資金			26,253			29,663	
(5)　従業員長期貸付金			13			8	
(6)　更生債権等			2			1	
(7)　長期前払費用			31,562			33,557	
(8)　繰延税金資産			21,345			16,136	
(9)　その他			4,941			12,257	
(10)　貸倒引当金			△2			△2	
投資その他の資産合計			332,776			338,231	
固定資産合計			1,129,292	53.5		1,236,020	51.1
III　繰延資産							
1　社債発行費			—			4,865	
繰延資産合計			—	—		4,865	0.2
資産合計			2,110,839	100.0		2,418,592	100.0

154

EDINET提出書類　2007/06/22 提出
シャープ株式会社(352009)
有価証券報告書

区分	注記番号	前事業年度 (平成18年3月31日現在) 金額(百万円)	構成比 (%)	当事業年度 (平成19年3月31日現在) 金額(百万円)	構成比 (%)
(負債の部)					
Ⅰ　流動負債					
1　支払手形		9,000		7,753	
2　買掛金	※1	465,836		587,869	
3　短期借入金		10,000		20,000	
4　社債(償還1年内)		0		50,000	
5　コマーシャルペーパー		150,000		3,500	
6　未払金	※1	97,547		141,886	
7　未払費用	※1	85,754		115,716	
8　未払法人税等		26,122		20,925	
9　前受金		164		444	
10　預り金	※1	19,349		26,297	
11　賞与引当金		22,700		22,800	
12　役員賞与引当金		—		529	
13　製品保証引当金		3,890		4,360	
14　その他		554		172	
流動負債合計		890,921	42.2	1,002,254	41.4
Ⅱ　固定負債					
1　社債		100,000		50,000	
2　新株予約権付社債		—		204,642	
3　長期借入金		70,001		50,000	
4　退職給付引当金		483		0	
固定負債合計		170,484	8.1	304,643	12.6
負債合計		1,061,405	50.3	1,306,898	54.0
(資本の部)					
Ⅰ　資本金	※2	204,675	9.7	—	—
Ⅱ　資本剰余金					
1　資本準備金		261,415		—	
2　その他資本剰余金					
(1)　自己株式処分差益		872		—	
資本剰余金合計		262,287	12.4		
Ⅲ　利益剰余金					
1　利益準備金		26,115		—	
2　任意積立金					
(1)　特別償却準備金		9,725		—	
(2)　固定資産圧縮積立金		4,647		—	
(3)　退職給与積立金		1,756		—	
(4)　配当準備積立金		2,900		—	
(5)　別途積立金		441,950		—	
3　当期未処分利益		95,276		—	
利益剰余金合計		582,369	27.6	—	—
Ⅳ　その他有価証券評価差額金		26,481	1.3	—	—
Ⅴ　自己株式	※3	△26,380	△1.3	—	—
資本合計		1,049,434	49.7	—	—
負債・資本合計		2,110,839	100.0	—	—

区分	注記番号	前事業年度 (平成18年3月31日現在) 金額(百万円)	構成比 (%)	当事業年度 (平成19年3月31日現在) 金額(百万円)	構成比 (%)
（純資産の部）					
I　株主資本					
1　資本金		—	—	204,675	8.5
2　資本剰余金					
(1)　資本準備金		—		261,415	
(2)　その他資本剰余金		—		880	
資本剰余金合計		—		262,295	10.8
3　利益剰余金					
(1)　利益準備金		—		26,115	
(2)　その他利益剰余金					
特別償却準備金		—		20,119	
固定資産圧縮積立金		—		4,388	
固定資産圧縮特別勘定積立金		—		105	
退職給与積立金		—		1,756	
配当準備積立金		—		2,900	
別途積立金		—		492,950	
繰越利益剰余金		—		100,197	
利益剰余金合計		—	—	648,530	26.8
4　自己株式		—	—	△26,843	△1.1
株主資本合計		—	—	1,088,657	45.0
II　評価・換算差額等					
1　その他有価証券評価差額金				23,117	1.0
2　繰延ヘッジ損益				△79	—
評価・換算差額等合計		—	—	23,037	1.0
純資産合計		—	—	1,111,694	46.0
負債純資産合計		—	—	2,418,592	100.0

156

EDINET提出書類　2007/06/22 提出
シャープ株式会社(352009)
有価証券報告書

② 【損益計算書】

区分	注記番号	前事業年度 （自　平成17年4月1日 至　平成18年3月31日）		当事業年度 （自　平成18年4月1日 至　平成19年3月31日）	
		金額(百万円)	百分比(%)	金額(百万円)	百分比(%)
Ⅰ　売上高	※1		2,283,109	100.0		2,595,470	100.0
Ⅱ　売上原価	※1 ※2				
1　製品期首たな卸高		41,894		36,132	
2　当期製品製造原価	※5	1,000,613		1,096,075	
3　当期外注製品仕入高		896,088		1,071,221	
4　他勘定振替高	※3	△6,345		△3,871	
合計		1,932,251		2,199,558	
5　製品期末たな卸高		36,132	1,896,119	83.1	44,995	2,154,562	83.0
売上総利益			386,990	16.9		440,907	17.0
Ⅲ　販売費及び一般管理費	※4 ※5		254,516	11.1		297,198	11.5
営業利益			132,474	5.8		143,708	5.5
Ⅳ　営業外収益	※1				
1　受取利息		3,478		3,955	
2　受取配当金		11,214		12,120	
3　固定資産賃貸料		12,933		14,334	
4　特許料・技術指導料等収入		24,250		―	
5　その他		6,970	58,848	2.6	4,257	34,668	1.4
Ⅴ　営業外費用					
1　支払利息		1,289		1,339	
2　社債利息		816		665	
3　コマーシャルペーパー利息		16		236	
4　固定資産賃貸費用		8,331		9,348	
5　特許料・技術指導料等収入見合費用		15,928		―	
6　品質関連費用		―		3,475	
7　その他		27,827	54,209	2.4	16,166	31,232	1.2
経常利益			137,114	6.0		147,144	5.7
Ⅵ　特別利益					
1　固定資産売却益	※6	31		324	
2　投資有価証券売却益		0	31	―	1,299	1,624	0.1
Ⅶ　特別損失					
1　固定資産売廃却損	※7	9,724		6,013	
2　投資有価証券評価損		0		3,026	
3　関係会社株式評価損		0		1,206	
4　過年度特許料		2,307	12,031	0.5	3,693	13,940	0.6
税引前当期純利益			125,114	5.5		134,828	5.2
法人税、住民税及び事業税		40,960		34,370	
法人税等調整額		200	41,160	1.8	7,650	42,020	1.6
当期純利益			83,954	3.7		92,808	3.6
前期繰越利益			22,232			―
中間配当額			10,910			―
当期末処分利益			95,276			―

製造原価明細書

区分	注記番号	前事業年度 （自　平成17年4月1日 至　平成18年3月31日）		当事業年度 （自　平成18年4月1日 至　平成19年3月31日）	
		金額（百万円）	構成比 （％）	金額（百万円）	構成比 （％）
Ⅰ　材料費		562,418	55.5	643,126	56.7
Ⅱ　労務費	※1	132,283	13.1	133,202	11.7
Ⅲ　経費	※2	318,490	31.4	358,024	31.6
当期総製造費用		1,013,193	100.0	1,134,353	100.0
仕掛品期首たな卸高		55,093		67,673	
合計		1,068,286		1,202,026	
仕掛品期末たな卸高		67,673		105,950	
当期製品製造原価		1,000,613		1,096,075	

（注）　※1　労務費のうち、賞与引当金繰入額は、前事業年度14,928百万円、当事業年度15,085百万円である。
　　　　※2　経費のうち、主なものは減価償却費（前事業年度141,168百万円、当事業年度157,903百万円）である。

原価計算の方法

　　材料については標準使用量及び予定価格を、また、労務費及び経費については、予定操業度に基づいた予定賃率を用い、これに単位製品の予定作業時間を乗じたいわゆる原価計算基準にいう現実的標準原価（予定原価）をもって計算している。なお、期末においては、予定原価と実際原価との差額を調整して実際原価に修正している。

③　【利益処分計算書及び株主資本等変動計算書】

[利益処分計算書]

株主総会承認年月日		前事業年度 (平成18年6月22日)	
区分	注記 番号	金額(百万円)	
(当期未処分利益の処分)			
Ⅰ　当期未処分利益			95,276
Ⅱ　任意積立金取崩額			
固定資産圧縮積立金 　　取崩額		133	133
合計			95,409
Ⅲ　利益処分額			
1　配当金		13,090	
2　役員賞与金		468	
(取締役賞与金)		(435)	
(監査役賞与金)		(33)	
3　任意積立金			
特別償却準備金		3,898	
別途積立金		51,000	68,456
Ⅳ　次期繰越利益			26,952
(その他資本剰余金の処分)			
Ⅰ　その他資本剰余金			872
Ⅱ　その他資本剰余金処分額			0
Ⅲ　その他資本剰余金次期繰越額			872

[株主資本等変動計算書]

当事業年度(自　平成18年4月1日　至　平成19年3月31日)

		株主資本												
			資本剰余金			利益剰余金								
								その他利益剰余金						
	資本金	資本準備金	その他資本剰余金	資本剰余金合計	利益準備金	特別償却準備金	固定資産圧縮積立金	固定資産圧縮特別勘定積立金	退職給与積立金	配当準備金	別途積立金	繰越利益剰余金	利益剰余金合計
平成18年3月31日残高(百万円)	204,675	261,415	872	262,287	26,115	9,725	4,647	0	1,756	2,900	441,950	95,276	582,369
事業年度中の変動額													
特別償却準備金の積立(注)						3,898						△3,898	—
特別償却準備金の積立						6,496						△6,496	—
固定資産圧縮積立金の取崩(注)							△133					133	—
固定資産圧縮積立金の取崩							△126					126	—
固定資産圧縮特別勘定積立金の積立								105				△105	—
別途積立金の積立(注)											51,000	△51,000	—
剰余金の配当(注)												△13,090	△13,090
剰余金の配当												△13,089	△13,089
役員賞与金(注)												△468	△468
当期純利益												92,808	92,808
自己株式の取得													
自己株式の処分			7	7									
株主資本以外の項目の事業年度中の変動額(純額)													
事業年度中の変動額合計(百万円)	—	—	7	7	—	10,394	△259	105	—		51,000	4,920	66,160
平成19年3月31日残高(百万円)	204,675	261,415	880	262,295	26,115	20,119	4,388	105	1,756	2,900	492,950	100,197	648,530

| | 株主資本 | | 評価・換算差額等 | | | 純資産合計 |
	自己株式	株主資本合計	その他有価証券評価差額金	繰延ヘッジ損益	評価・換算差額等合計	
平成18年3月31日残高(百万円)	△26,380	1,022,952	26,481	—	26,481	1,049,434
事業年度中の変動額						
特別償却準備金の積立(注)		—				—
特別償却準備金の積立		—				—
固定資産圧縮積立金の取崩(注)		—				—
固定資産圧縮積立金の取崩		—				—
固定資産圧縮特別勘定積立金の積立		—				—
別途積立金の積立(注)		—				—
剰余金の配当(注)		△13,090				△13,090
剰余金の配当		△13,089				△13,089
役員賞与金(注)		△468				△468
当期純利益		92,808				92,808
自己株式の取得	△479	△479				△479
自己株式の処分	16	24				24
株主資本以外の項目の事業年度中の変動額(純額)			△3,364	△79	△3,444	△3,444
事業年度中の変動額合計(百万円)	△463	65,704	△3,364	△79	△3,444	62,260
平成19年3月31日残高(百万円)	△26,843	1,088,657	23,117	△79	23,037	1,111,694

(注)　平成18年6月の定時株主総会における利益処分項目である。

EDINET提出書類　2007/06/22 提出
シャープ株式会社(352009)
有価証券報告書

注記事項

（貸借対照表関係）

（単位：百万円）

前事業年度 （平成18年3月31日現在）		当事業年度 （平成19年3月31日現在）	
※1　関係会社に対する資産・負債		※1　関係会社に対する資産・負債	
売掛金	196,961	売掛金	260,783
未収入金	44,365	未収入金	25,501
買掛金	48,528	買掛金	53,361
その他の負債	48,093	未払金	36,446
		預り金	24,886
※2　授権株数　　普通株式　1,982,607,000株		※2　　　　　　————	
発行済株式総数　普通株式　1,110,699,887株			
※3　自己株式数　普通株式　19,798,861株		※3　　　　　　————	
4　偶発債務		4　偶発債務	
(1)　保証債務		(1)　保証債務	
従業員住宅資金借入に対する保証	17,115	従業員住宅資金借入に対する保証	19,816
銀行借入に対する保証		銀行借入に対する保証	
		関西リサイクルシステムズ㈱	250
ピー・ティー・シャープ・セミコンダクター・インドネシア	456	ピー・ティー・シャープ・セミコンダクター・インドネシア	152
関西リサイクルシステムズ㈱	300		
小計	756	小計	402
合計	17,872	合計	20,219
(2)　経営指導念書等		(2)　経営指導念書等	
子会社の信用を補完することを目的とした当該子会社との合意書である。		子会社の信用を補完することを目的とした当該子会社との合意書である。	
		シャープ・エレクトロニクス・コーポレーション	17,863
シャープ・インターナショナル・ファイナンス（ユナイテッドキングダム）ピー・エル・シー	23,579	シャープ・インターナショナル・ファイナンス（ユナイテッドキングダム）ピー・エル・シー	16,706
シャープ・エレクトロニクス・コーポレーション	21,680		
合計	45,259	合計	34,569
5　輸出為替手形割引高	965	5　輸出為替手形割引高	503
6　配当制限		6　　　　　　————	
商法施行規則第124条第3号に規定する資産に時価を付したことにより増加した純資産額は26,481百万円である。			

（損益計算書関係）

（単位：百万円）

前事業年度 （自　平成17年4月1日 　至　平成18年3月31日）	当事業年度 （自　平成18年4月1日 　至　平成19年3月31日）
※1　関係会社との取引高	※1　関係会社との取引高
売上高　　　　　　　　　　1,261,009	売上高　　　　　　　　　　1,490,429
仕入高　　　　　　　　　　　662,841	仕入高　　　　　　　　　　　771,110
受取配当金　　　　　　　　　 10,681	受取配当金　　　　　　　　　 11,332
特許料・技術指導料等収入　　 17,274	固定資産賃貸料　　　　　　　　4,436
その他の営業外収益　　　　　　5,901	
※2　低価法による製品の評価減	※2　低価法による製品の評価減
売上原価には低価法による製品の評価減が含ま	売上原価には低価法による製品の評価減が含ま
れている。	れている。
前期製品評価減戻入　　　　△7,056	前期製品評価減戻入　　　　△7,593
当期製品評価減　　　　　　　7,593	当期製品評価減　　　　　　　6,405
※3　他勘定振替高	※3　他勘定振替高
製品から販売費及び一般管理費他へ振替えたも	同左
のである。	
※4　販売費及び一般管理費	※4　販売費及び一般管理費
イ　主要な費目の内訳	イ　主要な費目の内訳
広告宣伝費　　　　　　　 29,759	広告宣伝費　　　　　　　 42,111
特許権使用料　　　　　　 37,962	特許権使用料　　　　　　 55,925
委託サービス代行料　　　 16,661	委託サービス代行料　　　 17,229
製品保証引当金繰入額　　　3,890	（うち、製品保証引当金繰入額）（4,360）
従業員給料及び諸手当　　 39,073	従業員給料及び諸手当　　 39,949
（うち、賞与引当金繰入額）（5,168）	（うち、賞与引当金繰入額）（5,297）
退職給付費用　　　　　　　4,249	退職給付費用　　　　　　　2,457
減価償却費　　　　　　　　6,956	業務委託料　　　　　　　 15,219
研究開発費　　　　　　　 49,626	減価償却費　　　　　　　　6,842
（うち、賞与引当金繰入額）（2,603）	研究開発費　　　　　　　 48,961
	（うち、賞与引当金繰入額）（2,417）
ロ　販売費、一般管理費のおおよその割合	ロ　販売費、一般管理費のおおよその割合
販売費　　　　　　　　　　　69%	販売費　　　　　　　　　　　73%
一般管理費　　　　　　　　　31%	一般管理費　　　　　　　　　27%
※5　一般管理費及び当期製造費用に含まれる研究開発	※5　一般管理費及び当期製造費用に含まれる研究開発
費は、151,855百万円である。	費は、186,989百万円である。
※6　固定資産売却益の内訳	※6　固定資産売却益の内訳
土地売却益(31百万円)である。	土地売却益(324百万円)である。
※7　固定資産売廃却損の内訳	※7　固定資産売廃却損の内訳

	売却損	廃却損	合計
機械及び装置	6	2,042	2,048
工具、器具及び備品	751	5,761	6,512
建物他	55	1,106	1,162
合計	813	8,910	9,724

	売却損	廃却損	合計
工具、器具及び備品	1,048	2,044	3,092
機械及び装置他	154	2,766	2,921
合計	1,203	4,810	6,013

162

II　連結財務諸表等

EDINET提出書類　2007/06/22 提出
シャープ株式会社(352009)
有価証券報告書

II　【連結財務諸表等】

　(1)　【連結財務諸表】

　　①　【連結貸借対照表】

区分	注記番号	前連結会計年度 (平成18年3月31日現在) 金額(百万円)	構成比 (%)	当連結会計年度 (平成19年3月31日現在) 金額(百万円)	構成比 (%)
（資産の部）					
I　流動資産					
1　現金及び預金		369,765		424,151	
2　受取手形及び売掛金		450,048		527,999	
3　割賦売掛金	※2	58,920		67,668	
4　有価証券		6,533		7,665	
5　たな卸資産		336,344		435,643	
6　繰延税金資産		48,419		54,123	
7　その他の流動資産		130,269		167,880	
8　貸倒引当金		△5,425		△5,866	
流動資産合計		1,394,873	54.5	1,679,263	56.5
II　固定資産					
1　有形固定資産					
(1)　建物及び構築物		573,290		629,443	
(2)　機械装置及び運搬具		1,250,381		1,442,838	
(3)　工具、器具及び備品		325,244		353,006	
(4)　土地		53,369		54,373	
(5)　建設仮勘定		81,384		60,116	
(6)　その他の有形固定資産		108,457		137,466	
(7)　減価償却累計額		△1,495,212		△1,663,715	
有形固定資産合計		896,913	35.0	1,013,527	34.1
2　無形固定資産					
(1)　工業所有権・施設利用権		16,198		15,053	
(2)　ソフトウェア		31,785		42,214	
(3)　その他の無形固定資産		—		3,469	
無形固定資産合計		47,983	1.9	60,736	2.1
3　投資その他の資産					
(1)　投資有価証券	※1	150,864		133,187	
(2)　その他の投資その他の資産	※1	70,868		78,629	
(3)　貸倒引当金		△1,202		△1,397	
投資その他の資産合計		220,530	8.6	210,419	7.1
固定資産合計		1,165,426	45.5	1,284,682	43.3
III　繰延資産					
1　社債発行費		—		4,865	
繰延資産合計		—	—	4,865	0.2
資産合計		2,560,299	100.0	2,968,810	100.0

区分	注記番号	前連結会計年度 (平成18年3月31日現在)		当連結会計年度 (平成19年3月31日現在)	
		金額(百万円)	構成比(%)	金額(百万円)	構成比(%)
(負債の部)					
I　流動負債					
1　支払手形及び買掛金	※2	589,322		751,274	
2　貿易未決済手形		71		36	
3　短期借入金		89,266		147,353	
4　社債(償還1年内)		6,600		57,687	
5　コマーシャルペーパー		173,617		22,865	
6　未払費用		—		185,277	
7　未払法人税等		33,179		—	
8　賞与引当金		32,467		32,972	
9　製品保証引当金		7,589		10,793	
10　その他の流動負債		262,943		184,008	
流動負債合計		1,195,054	46.7	1,392,265	46.9
II　固定負債					
1　社債		115,200		57,333	
2　新株予約権付社債		—		204,643	
3　長期借入金		102,405		77,818	
4　退職給付引当金		8,552		10,436	
5　その他の固定負債		31,444		34,110	
固定負債合計		257,601	10.1	384,340	12.9
負債合計		1,452,655	56.8	1,776,605	59.8
(少数株主持分)					
少数株主持分		8,734	0.3	—	—
(資本の部)					
I　資本金	※5	204,676	8.0	—	—
II　資本剰余金		262,288	10.2	—	—
III　利益剰余金		668,687	26.1	—	—
IV　その他有価証券評価差額金		27,992	1.1	—	—
V　為替換算調整勘定		△38,352	△1.5	—	—
VI　自己株式	※6	△26,381	△1.0	—	—
資本合計		1,098,910	42.9	—	—
負債、少数株主持分 　　及び資本合計		2,560,299	100.0	—	—

EDINET提出書類　2007/06/22　提出
シャープ株式会社(352009)
有価証券報告書

区分	注記番号	前連結会計年度 （平成18年3月31日現在） 金額（百万円）	構成比（％）	当連結会計年度 （平成19年3月31日現在） 金額（百万円）	構成比（％）
（純資産の部）					
Ⅰ　株主資本					
1　資本金		—	—	204,676	6.9
2　資本剰余金		—	—	262,295	8.9
3　利益剰余金		—	—	745,209	25.1
4　自己株式		—	—	△26,844	△0.9
株主資本合計		—	—	1,185,336	40.0
Ⅱ　評価・換算差額等 ※					
1　その他有価証券 　　評価差額金		—	—	24,381	0.8
2　繰延ヘッジ損益		—	—	1	—
3　為替換算調整勘定		—	—	△26,591	△0.9
評価・換算差額等合計 ※		—	—	△2,209	△0.1
Ⅲ　少数株主持分		—	—	9,078	0.3
純資産合計		—	—	1,192,205	40.2
負債純資産合計		—	—	2,968,810	100.0

※　「評価・換算差額等」は「その他包括利益累計額」に呼称変更となっています。

165

② 【連結損益計算書】

区分	注記番号	前連結会計年度 （自　平成17年4月1日 至　平成18年3月31日） 金額（百万円）	百分比 (%)	当連結会計年度 （自　平成18年4月1日 至　平成19年3月31日） 金額（百万円）	百分比 (%)
Ⅰ　売上高			2,797,109	100.0		3,127,771	100.0
Ⅱ　売上原価	※1 ※3		2,165,126	77.4		2,414,592	77.2
売上総利益			631,983	22.6		713,179	22.8
Ⅲ　販売費及び一般管理費	※2 ※3		468,273	16.7		526,648	16.8
営業利益			163,710	5.9		186,531	6.0
Ⅳ　営業外収益						
1　受取利息		4,937			5,831	
2　固定資産賃貸料		9,535			10,845	
3　特許料・技術指導料等収入		8,214			—	
4　持分法による投資利益		1,023			612	
5　その他		8,420	32,129	1.1	7,897	25,185	0.8
Ⅴ　営業外費用						
1　支払利息		4,781			5,588	
2　コマーシャルペーパー利息		1,629			2,080	
3　固定資産賃貸費用		6,140			6,978	
4　その他		32,437	44,987	1.6	26,486	41,132	1.3
経常利益			150,852	5.4		170,584	5.5
Ⅵ　特別利益						
1　固定資産売却益	※4	1,599			488	
2　投資有価証券売却益		0	1,599	0.1	1,299	1,787	0.1
Ⅶ　特別損失						
1　固定資産売廃却損	※5	10,126			7,356	
2　投資有価証券評価損		0			3,026	
3　過年度特許料		2,307	12,433	0.5	3,694	14,076	0.5
税金等調整前当期純利益			140,018	5.0		158,295	5.1
法人税、住民税及び事業税		50,073			51,264	
法人税等調整額		608	50,681	1.8	4,607	55,871	1.8
少数株主利益			666	—		707	—
当期純利益			88,671	3.2		101,717	3.3

166

EDINET提出書類　2007/06/22 提出
シャープ株式会社(352009)
有価証券報告書

③　【連結剰余金計算書及び連結株主資本等変動計算書】

［連結剰余金計算書］

区分	注記番号	前連結会計年度 （自　平成17年4月1日 　至　平成18年3月31日） 金額(百万円)	
（資本剰余金の部）			
Ⅰ　資本剰余金期首残高			262,283
Ⅱ　資本剰余金増加高			
1　自己株式処分差益		5	5
Ⅲ　資本剰余金期末残高			262,288
（利益剰余金の部）			
Ⅰ　利益剰余金期首残高			605,440
Ⅱ　利益剰余金増加高			
1　当期純利益		88,671	
2　合併に伴う増加高		983	89,654
Ⅲ　利益剰余金減少高			
1　配当金		21,821	
2　役員賞与 　　（うち監査役賞与）		440 (31)	
3　連結子会社会計基準 　　変更による減少高		2,484	
4　在外子会社の年金会計 　　に係る未積立債務の増加 　　による減少高		1,662	26,407
Ⅳ　利益剰余金期末残高			668,687

［連結株主資本等変動計算書］

当連結会計年度(自　平成18年4月1日　至　平成19年3月31日)

	株主資本				
	資本金	資本剰余金	利益剰余金	自己株式	株主資本合計
平成18年3月31日残高(百万円)	204,676	262,288	668,687	△26,381	1,109,270
連結会計年度中の変動額					
剰余金の配当(注)			△13,091		△13,091
剰余金の配当			△13,089		△13,089
役員賞与金(注)			△468		△468
当期純利益			101,717		101,717
連結子会社の増加に伴う増加高			1,875		1,875
連結子会社の増加に伴う減少高			△428		△428
連結子会社会計基準変更による減少高			△2,826		△2,826
在外子会社の年金会計に係る未積立債務の減少による増加高			2,832		2,832
自己株式の取得				△480	△480
自己株式の処分		7		17	24
株主資本以外の項目の連結会計年度中の変動額(純額)					
連結会計年度中の変動額合計(百万円)	—	7	76,522	△463	76,066
平成19年3月31日残高(百万円)	204,676	262,295	745,209	△26,844	1,185,336

	評価・換算差額等				少数株主持分	純資産合計
	その他有価証券評価差額金	繰延ヘッジ損益	為替換算調整勘定	評価・換算差額等合計		
平成18年3月31日残高(百万円)	27,992	—	△38,352	△10,360	8,734	1,107,644
連結会計年度中の変動額						
剰余金の配当(注)						△13,091
剰余金の配当						△13,089
役員賞与金(注)						△468
当期純利益						101,717
連結子会社の増加に伴う増加高						1,875
連結子会社の増加に伴う減少高						△428
連結子会社会計基準変更による減少高						△2,826
在外子会社の年金会計に係る未積立債務の減少による増加高						2,832
自己株式の取得						△480
自己株式の処分						24
株主資本以外の項目の連結会計年度中の変動額(純額)	△3,611	1	11,761	8,151	344	8,495
連結会計年度中の変動額合計(百万円)	△3,611	1	11,761	8,151	344	84,561
平成19年3月31日残高(百万円)	24,381	1	△26,591	△2,209	9,078	1,192,205

(注)　平成18年6月の定時株主総会における利益処分項目である。

EDINET提出書類　2007/06/22　提出
シャープ株式会社(352009)
有価証券報告書

④　【連結キャッシュ・フロー計算書】

区分	注記番号	前連結会計年度 （自　平成17年4月1日 至　平成18年3月31日） 金額(百万円)	当連結会計年度 （自　平成18年4月1日 至　平成19年3月31日） 金額(百万円)
Ⅰ　営業活動によるキャッシュ・フロー			
1　税金等調整前当期純利益		140,018	158,295
2　減価償却費		186,434	208,632
3　受取利息及び受取配当金		△5,769	△6,913
4　支払利息及びコマーシャルペーパー利息		6,410	7,668
5　為替差損		2,070	2,760
6　有形固定資産売廃却損		10,126	7,356
7　売上債権の増加額		△43,716	△73,726
8　たな卸資産の減少額（又は増加額）		2,693	△86,946
9　仕入債務の増加額		53,945	143,425
10　その他		△35,119	7,756
小計		317,092	368,307
11　利息及び配当金の受取額		7,961	9,432
12　利息の支払額		△6,561	△8,182
13　法人税等の支払額		△54,739	△55,205
営業活動によるキャッシュ・フロー		263,753	314,352
Ⅱ　投資活動によるキャッシュ・フロー			
1　定期預金の預入による支出		△60,020	△120,063
2　定期預金の払戻による収入		65,104	95,072
3　有価証券の売却による収入		21,739	6,480
4　有形固定資産の取得による支出		△232,770	△294,548
5　有形固定資産の売却による収入		609	1,407
6　投資有価証券の取得による支出		△12,391	△4,121
7　投資有価証券の売却による収入		5,748	1,944
8　貸付けによる支出		△4,785	△1,063
9　貸付金の回収による収入		4,561	683
10　その他		△17,181	△14,580
投資活動によるキャッシュ・フロー		△229,386	△328,789
Ⅲ　財務活動によるキャッシュ・フロー			
1　短期借入金の純増加額（又は純減少額）		△25,340	29,233
2　コマーシャルペーパーの 　　純増加額（又は純減少額）		5,370	△150,766
3　長期借入れによる収入		45,194	7,563
4　長期借入金の返済による支出		△33,672	△8,798
5　社債の発行による収入		54,900	0
6　社債の償還による支出		△51,800	△6,600
7　新株予約権付社債の発行による収入		－	199,761
8　自己株式の取得による支出		△336	△480
9　配当金の支払額		△21,812	△26,181
10　その他		△6,264	△2,562
財務活動によるキャッシュ・フロー		△33,760	41,170
Ⅳ　現金及び現金同等物に係る換算差額		3,393	463
Ⅴ　現金及び現金同等物の増加額		4,000	27,196
Ⅵ　現金及び現金同等物の期首残高		295,312	299,466
Ⅶ　新規連結に伴う現金及び 　　現金同等物の増加額		0	2,583
Ⅷ　合併に伴う現金及び現金同等物の増加額		154	41
Ⅸ　現金及び現金同等物の期末残高		299,466	329,286

注記事項

（連結貸借対照表関係）

（単位：百万円）

前連結会計年度 （平成18年3月31日現在）	当連結会計年度 （平成19年3月31日現在）
※1 非連結子会社及び関連会社に対するものは、次の とおりである。 　　　投資有価証券（株式）　　　　　　　　20,436 　　　その他の投資その他の資産　　　　　　1,965 　　　（出資金）	※1 非連結子会社及び関連会社に対するものは、次の とおりである。 　　　投資有価証券（株式）　　　　　　　　17,691 　　　その他の投資その他の資産　　　　　　　569 　　　（出資金）
※2 割賦売掛金には、連結子会社の信用保証業務に係 わる割賦売掛金31,149百万円が含まれており、支 払手形及び買掛金には、信用保証業務に係わる買 掛金が同額含まれている。	※2 割賦売掛金には、連結子会社の信用保証業務に係 わる割賦売掛金36,478百万円が含まれており、支 払手形及び買掛金には、信用保証業務に係わる買 掛金が同額含まれている。
3 偶発債務 　　保証債務 　　　従業員住宅資金借入に対する　　　　　7,379 　　　保証 　　　融資債権に係る銀行に対する　　　　　　　4 　　　保証 　　　銀行借入に対する保証 　　　　関西リサイクルシステムズ㈱　　　　　300 　　　　小計　　　　　　　　　　　　　　　　300 　　　　合計　　　　　　　　　　　　　　　7,683	3 偶発債務 　　保証債務 　　　従業員住宅資金借入に対する　　　　　6,139 　　　保証 　　　融資債権に係る銀行に対する　　　　　　　4 　　　保証 　　　銀行借入に対する保証 　　　　関西リサイクルシステムズ㈱　　　　　250 　　　　小計　　　　　　　　　　　　　　　　250 　　　　合計　　　　　　　　　　　　　　　6,393
4 輸出為替手形割引高　　　　　　　　　　　966	4 輸出為替手形割引高　　　　　　　　　　　504
※5 当社の発行済株式総数は、普通株式 　　1,110,699,887株である。	※5 　　　　　　　─────
※6 連結会社、持分法を適用した非連結子会社及び関 連会社が保有する自己株式の数は、普通株式 19,798,861株である。	※6 　　　　　　　─────

EDINET提出書類　2007/06/22 提出
シャープ株式会社(352009)
有価証券報告書

（連結損益計算書関係）

（単位：百万円）

前連結会計年度 （自　平成17年4月1日 至　平成18年3月31日）				当連結会計年度 （自　平成18年4月1日 至　平成19年3月31日）			
※1　売上原価のうち、 　　たな卸資産の低価法による評価減			1,669	※1　売上原価のうち、 　　たな卸資産の低価法による評価減			4,976
※2　販売費及び一般管理費 　　主要な費目の内訳				※2　販売費及び一般管理費 　　主要な費目の内訳			
広告宣伝費			51,317	広告宣伝費			70,836
貸倒引当金繰入額			1,830	特許権使用料			58,267
製品保証引当金繰入額			6,291	貸倒引当金繰入額			1,969
従業員給料及び諸手当			117,678	製品保証引当金繰入額			8,645
（うち、賞与引当金繰入額）			(13,565)	従業員給料及び諸手当			121,826
退職給付費用			7,455	（うち、賞与引当金繰入額）			(13,802)
研究開発費			49,718	退職給付費用			5,494
（うち、賞与引当金繰入額）			(2,670)	研究開発費			49,276
				（うち、賞与引当金繰入額）			(2,493)
※3　一般管理費及び当期製造費用に含まれる研究開発費は、154,362百万円である。				※3　一般管理費及び当期製造費用に含まれる研究開発費は、189,852百万円である。			
※4　固定資産売却益の内訳				※4　固定資産売却益の内訳			
土地			220	土地			325
建物及び構築物			1,354	建物及び構築物			139
機械装置及び運搬具他			25	機械装置及び運搬具他			24
合計			1,599	合計			488
※5　固定資産売廃却損の内訳	売却損	廃却損	合計	※5　固定資産売廃却損の内訳	売却損	廃却損	合計
機械装置及び運搬具	13	2,138	2,151	機械装置及び運搬具	391	1,295	1,686
工具、器具及び備品	835	5,830	6,665	工具、器具及び備品	1,078	2,107	3,185
建物及び構築物他	56	1,254	1,310	建物及び構築物他	86	2,399	2,485
合計	904	9,222	10,126	合計	1,555	5,801	7,356

索　引

172

177

著者略歴

岩崎　功（いわさき　いさお）
1949 年　北海道生まれ
現　　在　元和光大学経済経営学部教授、専修大学・千葉経済大学・湘北短期大学各講師

主要著書
『会計実務の解明』（共著）-同文舘。
『速算電卓の基礎演習』、『完全合格上級簿記-商業簿記／会計学』、
『完全合格上級簿記-工業簿記／原価計算』、『基本税務会計論』、『法人税法基本テキスト』、
『所得税法基本テキスト』-以上英光社。
『商業簿記教科書（上）及び（下）』、『簿記会計教科書』、『やさしい簿記 3 級』（共著）、
『やさしい簿記 3 級問題集』（共著）、『やさしい商業簿記 2 級』（共著）、『基本簿記3級』、
『基本簿記 3 級問題集』-以上共栄出版。
『3 級完全合格簿記』（共著）、『2 級完全合格簿記（商業簿記編）』（共著）、
『2 級完全合格簿記（工業簿記編）』（共著）-以上創成社。
『現代会計学概論』（共著）、『コンパクト連結会計用語辞典』（共著）-以上税務経理協会。
『グローバル時代の経営と財務』（編著）、『経営教育事典』（共著）、
『企業会計の原理』（共著）-以上学文社。
『入門 会計学の基礎』、『テキスト現代会計学の基礎』、『サブノート現代会計学の基礎』、
『職業としての会計』（編著）、『ポイント係数評価法による実践経営分析』、
『考える企業間比較のための経営分析』-以上五絃舎。
『経営用語キーワード』（共著）、中央経済社。
　その他多数あり。

会計学の基礎

2017 年 4 月 1 日

著　　者：岩崎　功
発行者：長谷雅春
発行所：株式会社五絃舎
　　　　〒 173-0025　東京都板橋区熊野町 46-7-402
　　　　　電話・ファックス：03-3957-5587
組　　版：office five strings
印刷所：モリモト印刷
ISBN978-4-86434-067-0